历史不能忘记系列①

刻骨铭心的抗日战争

张海鹏　邓红洲◎著

中国民主法制出版社

2015年·北京

图书在版编目（CIP）数据

刻骨铭心的抗日战争/张海鹏，邓红洲著. —2版. —北京：中国民主法制出版社，2015.7（2020.7重印）
（历史不能忘记系列/张量主编）
ISBN 978-7-5162-0944-8

Ⅰ.①刻… Ⅱ.①张… ②邓… Ⅲ.①抗日战争史—中国—青少年读物 Ⅳ.①K265.09

中国版本图书馆 CIP 数据核字（2015）第 180529 号

历史不能忘记系列
　张量　主编
图书出品人：刘海涛
出 版 统 筹：赵卜慧
责 任 编 辑：吕发成　胡百涛

书名/刻骨铭心的抗日战争
作者/张海鹏　邓红洲　著

出版·发行/中国民主法制出版社
地址/北京市丰台区玉林里 7 号（100069）
电话/63055259（总编室）　63057714（发行部）
传真/63056975　63056983
http://www.npcpub.com
E-mail：mzfz@npcpub.com
经销/新华书店
开本/32 开　880 毫米×1230 毫米
印张/5.25　字数/101 千字
版本/2015 年 7 月第 2 版　2020 年 7 月第 4 次印刷
印刷/三河市兴国印务有限公司

书号/ISBN 978-7-5162-0944-8-01
定价/15.00 元

▶ 修订版序

中国出版集团旗下中国民主法制出版社，将在中国人民抗日战争暨世界反法西斯战争胜利 70 周年之际，修订再版"历史不能忘记"系列丛书，我感到非常高兴。当年我参加组织编写了这套丛书，得到了社会的认可。在老一辈无产阶级革命家杨成武同志为第一版作序后，由我为再版作序。虽然水平有限，然出版社坚持，也只好尽力而为了。

1993 年以后，日本国内的右翼势力开始猖獗，日本政局也开始出现右倾化的动向，不时上演参拜靖国神社、篡改历史教科书、否定南京大屠杀，为日本侵华战争涂脂抹粉，企图推卸战争责任的闹剧。前事不忘，后事之师。要让中国人民和世界人民永远牢记这段历史，尤其要让青少年从小就了解、记住这段历史。在我国国内，虽然抗日战争方面的图书资料很多，却难见一套比较系统地对青少年进行抗日战争方面的爱国主义教育的丛书。1998 年初，中国民主法制出版社的编辑赵卜慧等同志策划了"历史不能忘记"系列丛书。受出版社邀请，我组织时任中国社会科学院近代史研究所所长、《抗日战争研究》杂志主编、中国抗日战争史学会副会长张海鹏，中国第二历史档案馆馆长、中国抗日战争史学会理事周忠信，中国人民大学中共党史系主任、博士生导师陈明显，中国人民抗日战争纪念馆编研部主任、中国抗日战争史学会常务理事、研究员张量和中国人民解放军军事医学科学院研究员、细菌学专家郭成周以及对抗日战争史有深入研究的专家学者，精心编写了这套丛书。这套丛书收录了大量的史料和图片，有些是首次公之于众的，揭露了日本侵略中国所犯下的滔天罪行，如南京大屠杀、日军细菌部队罪行等；讴歌了中国人民浴血奋战，与日本侵略者血战到底的气壮山河、可歌可泣的民族精神，如八一三淞沪会战、台儿庄战役、百团大战等。该丛书第一版推出 12 本，于 1999 年 9 月出版。丛书出版后在读者中引起了很好的反响，当年就名列共青团中央"中国新世纪读书计划第 7 期新书推荐榜"，并被列为上海市中小学生图书馆必备书目，荣获第 9 届上海市中小学生优秀课外读物三等奖。

近几年，日本政府在右倾化的道路上越走越远，尤其是安倍上台以后，不但矢口否认历史，而且否认对侵略历史表示歉意的"村山谈话"，挑起诸多事端，解禁集体自卫权，对外出售武器，动摇日本战后和平宪法的根基，加快日本军国主义的复活，引起世界各国尤其是曾经遭受日本军国主义铁蹄蹂躏的亚洲邻国的高度警惕。

为了铭记历史、缅怀先烈、珍视和平、警示未来，2014 年 2 月 27 日，全国人大常委会通过了《全国人民代表大会常务委员会关于确定中国人民抗日战争胜利纪念日的决定》，以法律的形式，将每年 9 月 3 日确定为中国人民抗日战争胜利纪念日；2014 年 4 月 10 日，又通过了《全国人民代表大会常务委员会关于设立南京大屠杀死难者国家公祭日的决定》。今年是中国人民抗日战争暨世界反法西斯战争胜利 70 周年，我国将在纪念日举行空前盛大的阅兵活动，向世界宣示中国维持战后世界秩序的坚定决心。

在此之际，修订再版"历史不能忘记"系列丛书，充分体现了中国民主法制出版社的担当意识和责任精神。丛书站在新的历史方位，挖掘和整理最新史学研究成果和文献资料，由初版 12 册增加到 22 册，内容更加丰富，事实更加清晰，范围更加广阔，尤其是把儿童抗战、文化抗战、台湾抗战、空军抗战、海军抗战等鲜为人知的抗战史料呈现在读者面前。不难看出策划者把这套丛书作为精品工程精心来打造的良苦用心。

2014 年 7 月 7 日，习近平总书记在纪念全民族抗战爆发 77 周年仪式上指出，历史是最好的教科书，也是最好的清醒剂。中国人民对战争带来的苦难有着刻骨铭心的记忆，对和平有着孜孜不倦的追求。中国的抗日战场，是世界反法西斯战争的东方主战场，中国抗日战争的胜利，为世界反法西斯战争作出了积极贡献。中国抗日战争的胜利，是中国近代以来第一次取得的反对外来侵略的彻底胜利，一雪百年屈辱历史，它是中华民族由衰败走向振兴的重大转折。

实现民族复兴的中国梦，是每一位中华儿女共同的历史使命。中华民族的伟大复兴、美丽中国梦的实现，许多道理需要让历史告诉未来。中国人民会铭记这段历史，以史为鉴，时刻保持清醒头脑，警惕日本军国主义的死灰复燃，牢记"落后就要挨打，就要受人欺负"的教训，紧密地团结在以习近平为总书记的党中央周围，发奋图强，努力学习和工作，把我们的国家建设得日益繁荣富强，为早日实现中华民族伟大复兴的中国梦而努力奋斗。

中央档案馆原馆长
中国档案学会原理事长
中国抗日战争史学会原副秘书长　王明哲

2015年5月

▶ 第一版序

抗日战争，这是个历史性和现实性都很强的话题。

说它具有很强的历史性，那是因为，这场战争的爆发距今毕竟已有62年。时至今日，战争的硝烟早已散尽，在和平共处五项原则的基础上，中日两国正面向未来，致力于建设和平与发展的友好合作伙伴关系。至于有关反映抗日战争的文章和书籍，60多年来则更是难计其数。

说它具有很强的现实性，则是由于：其一，抗日战争毕竟是自1840年鸦片战争以来，帝国主义列强发动的历次侵华战争中最残酷的一场战争，也是中国人民反抗外来侵略最坚决并最终取得全面胜利的一场战争。这场惨绝人寰的侵略战争造成了3500万中国人的伤亡，造成了1000亿美元的直接财产损失，使千百万中国人流离失所。这么一场空前的民族大灾难，无论如何不应该也无法从人们的记忆中抹去。其二，抗日战争虽然早已结束，但它给我们留下许多血的教训：得道多助、失道寡助。尽管有一时的强弱之别，然而玩火者必自焚，正义终将战胜邪恶；贫穷、落后就要挨打，就会受人欺辱，只有国家富足强盛，才能人民安居乐业……所有这些，都将犹如警钟长鸣，时时警示着世人。其三，人总是要有点精神的。中华儿女在这场民族灾难中所表现出来的浴血奋战、不怕牺牲的抗战精神，作为一种极其宝贵的精神财富，无论时间再久远，都将永久地熠熠生辉、光芒四射。在和平的年代里，在社会经济建设中，我们仍然需要弘扬这种宝贵的民族精神。其四，随着时间的推移，抗日战争渐渐成为历史，年青的一代只能从历史书籍、从教科书中去了解这场战争的真相了。也正因为如此，在日本，总有那么一些人不时地挑起事端，他们或在教科书问题上大做文章，或在日军侵华史实上黑白颠倒，企图篡改历史，误导后人。历史霎时间似乎成了一个任人打扮的小女孩。为此，要不要把这场战争的本来面貌告诉世人特别是年青的一代，显然成了摆在每一个史学工作者面前的现实问题。

有鉴于此，中国民主法制出版社约请了长期从事抗日战争问题研究、占有大量客观资料的专家学者，历时数载，撰写了这套"历史不能忘记"丛书。丛书本着对历史负责，对后人负责的态度，严格尊重史实，凭借事实说话，分《以史为鉴　面向未来》《九一八事变》《七七卢沟桥事变》《八一三淞沪会战》《平型关战役》《台儿庄战役》《南京大屠杀》《百团大战》《日军细菌战》《中国空军抗战》《中国海军抗战》《中国抗日远征军》

《抗日英烈民族魂》《华侨支援祖国抗战纪实》《国际友人与抗日战争》《华北抗日》《华东抗日》《华南抗日》《抗战中的延安》共 19 个分册，全方位多角度、系统客观地披露和介绍了抗日战争的爆发背景以及发动经过、侵华日军在战争中所犯下的滔天罪行、中国军民抗击侵略者的著名战役、献身于抗战的民族英烈等。其中，一些材料和观点尚属首次公开发表。

　　日本的一位首相曾经说过："我们无论怎样健忘，也不能忘记历史。我们可以学习历史，但不能改变历史。"作为一种民族灾难，抗日战争过后的今天，无论是挑起这场战争的加害国还是遭受侵略的被害国，惟有正视史实，以史为鉴，才能更好地面向未来，防止悲剧再度发生。而再现历史真相又是问题的逻辑前提。我想，这恐怕正是撰写和出版这套丛书的目的所在吧。

　　作为抗日战争的亲身经历者，我愿意把这套丛书推荐给需要了解和应当了解这段历史的人们。

杨成武

1999 年 4 月 4 日

▶ 目　录

为什么永远不能忘记抗日战争历史

◎ 抗日战争历史在中国近代史上的地位

1937 年 7 月 7 日卢沟桥抗战开始的全国全面的抗日战争，是中国历史上，尤其是中国近代历史上最重要的历史性转变之一。中华民族同侵入国土的民族敌人作殊死的搏斗，民族解放的意识空前高涨，民族觉醒的步伐空前加快，全民族的凝聚力空前加强，终于在国际反法西斯力量的配合之下，打败了日本侵略者，避免了中国殖民地化的命运。自 1840 年鸦片战争以来，日本侵华是历次列强侵华行动中最残酷的一次，中国人民的反抗则是最坚决的一次；中国抗日战争的胜利是近代中国反侵略战争中唯一取得彻底胜利的一次战争。

抗日战争的胜利同时也决定了中国的前途和命运。民族觉醒和民族解放带来了中华民族对未来光明社会的热烈追求。在中国共产党的坚强领导下，中国人民赢得了新民主主义革命的胜利，在此基础上建立了中华人民共和国。中华人民共和国经过半个多世纪的发展，已然矗立于世界上，并且成为举世瞩目的国家。今天中国的发展和繁荣，是中国历史上最好的时期，今天中国人民的富裕和安宁，也是中国历史上最好的时期。回顾全面抗日战争爆发以来的 78 年，这是中国历史上变动最大、

▲抗战时期的卢沟桥

最剧烈，变动的结果最好的 78 年。这一切，当然不是一朝一夕得来，而是近代中国历史发展的必然结果，尤其是与 8 年抗日战争的结果密切相关。

抗日战争永远不能忘记。第一，永远不能忘记日本帝国主义对中国的侵略，永远不能忘记由于日本帝国主义的侵略，造成了中国人民 3500 万人的伤亡、1000 亿美元的直接财产损失、千百万人的流离失所和无法估量的苦难。第二，永远不能忘记，中国人民面对强大的、残酷的民族敌人，在民族大义的激励下，本着"兄弟阋于墙外御其侮"的精神，全民奋起，用我们的血肉筑成新的长城，与民族敌人作殊死的斗争，终于激发起空前的爱国主义和空前的民族凝聚力，不仅赢来了对日作战的胜利，而且赢来了国家发展的最佳选择。

◎ 日本人怎样看待侵略中国的历史

对于造成近代中国最大民族苦难的这场战争，作为加害者的日本人怎样看呢？这是一个十分复杂的话题。从 1945 年 8 月日本无条件投降算起，抗日战争已经过去了 70 年，战后出生的几代日本人，对日本侵略中国的这场战争已经没有多少了解，而广岛、长崎的原子弹爆炸，日本人家喻户晓，日本人自称是被害者。但是，日本为什么发生原子弹爆炸，以及在原子弹爆炸以前日本帝国主义长期加害于中国、朝鲜、东南亚各国的历史，日本青年人几乎不甚了解，日本的教科书更是尽力回避、掩饰日本军国主义当年侵略中国、朝鲜、东南亚各国的历史。东京大学教授家永三郎为了在中学教科书中写上日本侵略的字样，同主管教育的日本行政机关文部省打了近 30 年的官司。许多通过去国外参观等多种渠道了解了日本侵略真相的青年学生，迫切希望知道日本侵略中国、朝鲜和东南亚各国的真实历史，他们抱怨从日本的教科书里得不到这样的真切知识。

例如，日本法政大学学生斋藤一晴在题为《年轻人追究日本的战争责任》的文章中指出："在长达 50 年的时间里，教科书中把那一段历史加以掩盖而造成了难以挽回的空白"，"迄今为止，研究日本过去的真相，即日本对亚洲各国的加害，还只是一部分研究人员和记者在进行着"。他强烈呼吁，把日本进行战争的真相告诉日本年轻人。

埼玉县的中学生们参观了 731 部队罪行展览后写下了如下感想："中国人都了解的事（指日本 731 部队的罪行），作为加害者日本的教科书里反而不记载怎么可以呢？我们不要回避，应该重视"，"严格来说，我并没有考虑来这里（参观展览）是好还是不好，不过我想，作为一个国民不知道自己国家做过的事情怎么能行呢？所以我就来参观了"，"日本做过那样的事？今天对我来说真是了解了重要的问题"。

日本《每日新闻》1996年8月14日登载了大牟田市一位高中生的来信。这位高中生对战争与和平问题表达了明确的意愿，他说："关于战争，教科书中不怎么写，也没有听大人们介绍的机会，政府也回避明确的表态，因此我们不了解客观的事实，也不知道本质的原因……无论如何请告诉我们实情。对于我们来说，有把第二次世界大战的残酷性向下一代传下去的义务。如果把实际情况告诉我们的话，年轻人对和平问题是很关心的。"

日本西宫市的一位高中生利用暑假参观了新加坡的战争博物馆，看到日本的战争罪行受到震动，在1996年8月8日的《朝日新闻》发表感想说："我对于以前根本不知道这些事情感到很生气，而且感到羞愧……对于日本的教育，我怀有深深的疑问：为什么这样重要的事情都不让我们知道？为了使日本不再重复这种非人道的行为，为了使日本成为值得信赖的国家，我们在一起商议：必须了解日本对许多国家做过的那些残酷的事，因此从今以后改变日本的形象，是不了解战争的年青一代的任务。所以必须要向后代介绍日本对被侵略的国家做过的事情。而且日本应尽快认真地向那些国家谢罪，建立友好的关系。"

为什么日本青年要求了解日本在第二次世界大战中的真实形象的愿望得不到满足？正如前引那位大学生所说："有缺少战争体验的原因，有教科书本身的问题，有学校教学计划方面的问题，有国家对战争责任态度暧昧的影响等。国家和学校的责任最大，从现在的学校教育能够观察出国家对于战争责任的意图。50年前，国家就利用天皇的所谓'教育敕语'，从教育方面对国民进行洗脑，把国民引向战争的泥沼，而这样的国家体制，到今天也没有改变。在这种状态下，怎么能够从心底理解由于日本的加害而被杀害或失去家人的亚洲各国人民的悲痛呢？"这位大学生的认识是相当深刻的。正如一位长期在日本从事和平运动、曾担任日本毒气展览会实行委员会事务局长的梅靖三先生所指出的："日本战后是不重视近现代史教育的，没有教授准确无误的历史。直到不久以前，日本的文部省还通过对教科书的审定否认南京大屠杀和731部队、慰安妇等问题。在历史课上，一般只讲到第二次世界大战以前。这就是日本的历史教育的实际情况。"另一位日本友好人士西田胜也说过，日本的现代史教育几乎不讲授日本侵略中国的历史，致使一些青年至今还在认为，过去的战争失败者并非是被称为富有的日本，而是中国。关于日本近现代史教育的情况，1998年3月，作者曾在东京拜访日中友好会馆会长、前日本政府内阁副首相后藤田正晴时，后藤田会长也讲过同样的话。

日本政府对教科书的审定反映了竭力推脱战争责任的意图。我们看到，主持日本政府的自民党及国会中的右翼政治家，长期以来，尤其是20世纪80年代以来，不愿意揭露日本军国主义在战争中的残暴行为，不愿意承认日本发动了侵略战争，认为承认这些，就是"自虐史观"。一些著名的日本政治

▲ 日本媒体对慰安妇等问题反复其词

家作出了否认日本侵略的言论和行动。1985 年，当时的日本内阁总理大臣中曾根康弘率内阁阁僚参拜供奉着包括东条英机在内的 14 名甲级战犯的靖国神社，表示了日本政府对这些发动过侵略战争的战犯"业绩"的肯定。此后，内阁阁僚不断发表否定日本侵略的言论。1986 年 9 月，文部大臣藤尾正行发表文章，为日本军国主义发动的侵略战争辩解，否认日本军国主义的战争罪行；1988 年 4 月，国土厅长官奥野诚亮发言，为日本侵略战争辩解；1990 年 10 月，前内阁大臣、时任国会议员的石原慎太郎发表谈话，竟称"南京大屠杀是中国人捏造出来的谎言"，日本国民应肃清"战后意识"；1994 年 5 月，法务大臣永野茂门告诉记者，把日本发动的"那场战争说成侵略，是错误的"，"当时日本真心是解放殖民地，建立大东亚共荣圈"；同年 7 月，众议员石原慎太郎再次著文，胡说"南京大屠杀是一场虚构"；同年 8 月，环境厅长官樱井新说，日本"并没有想发动侵略战争"，"不应当只认为日本坏"；同年 10 月，通产大臣桥本龙太郎在众议院答复质询时说，"日本当年发动的战争是否叫作侵略战争尚存疑问"；1995 年 4 月，国土厅长官奥野诚亮答记者问时说"日本当时没有侵略的意图……并没有打算侵略亚洲"。

　　1995 年是第二次世界大战结束和中国抗日战争胜利以及日本无条件投降 50 周年，各国都在为此举行相应的纪念活动，法国的诺曼底、美国的夏威夷、俄国的莫斯科、中国的北京，都举行了盛大的纪念仪式。日本迫于国际上的举动，试图推动国会通过一项"战后 50 年决议"即所谓"不战决议"。但是，各右翼势力大肆活动，力图阻止。自民党的主流意见是，反对在决议中提"侵略""殖民统治""反省"字样。右翼势力发起的民间组织"终战 50 周年国民委员会"，征集了 450 万人的

签名，反对通过"不战决议"。奥野诚亮发动自民党议员 208
人组成"终战 50 周年国会议员联盟"并自任会长，竭力抵制
国会通过"不战决议"。永野茂门也发动自民党议员组织"正
确传授历史国会议员联盟"抵制"不战决议"。自民党还有
105 名议员组成的"历史研究委员会"，大肆活动，邀请若干
"讲师"举行演讲，以"皇国史观"即"大东亚战争史观"为
指导，否定侵略战争，美化侵略历史，并在 1995 年 8 月出版
《大东亚战争的总结》一书，全面否定侵略战争，否定远东军
事法庭对日本的审判。在这种背景下，日本国会在 251 人出
席、237 票通过（全席 511 人）的不正常情况下，通过了没有
不战字样、不承认侵略战争的所谓"不战决议"。这个决议虽
然遭到日本舆论的谴责和国际社会的耻笑，却反映了日本政治
右倾化的实际，不能不令中国和其他亚洲国家严重警惕。1996
年又出现内阁总理大臣参拜靖国神社的事例。

　　1995 年 8 月 15 日，日本内阁首相村山富市就历史问题发
表正式谈话，他说："在过去不太遥远的一个时期内，错误的
国策使日本走上了战争道路，日本国民陷入了存亡的危机。由
于进行殖民统治和侵略，给许多国家特别是亚洲各国人民造成
了极大的损害和痛苦。为避免将来重犯这样的错误，我毫不怀
疑地面对这一历史事实，并再次表示深刻反省和由衷的歉意。"
作为首相，村山富市还说："今天是战后 50 周年，我们应该铭
记在心的是，回顾过去，从中汲取历史的教训，展望未来，不
要走错人类社会通往和平与繁荣的道路。"

　　村山富市首相代表日本政府发表的谈话，虽然并不彻底，
但还是值得肯定。值得肯定的主要地方是，谈话指出了日本国
策错误，是日本走上了战争道路，实施了殖民统治和侵略，给
亚洲各国人民造成了极大的损害和痛苦。不彻底是指没有向被

害国人民表达正式的道歉。

村山富市代表日本政府的谈话，管了不到 10 年就发生了变化。

2001 年 4 月，日本小泉纯一郎内阁成立，5 月，小泉在国会宣布要以内阁总理大臣名义参拜靖国神社，7 月日本政府就回绝了中韩两国政府有关修改历史教科书的要求。小泉上任以来六次参拜靖国神社。就在他卸任首相职务的前夕，即 2006 年 8 月 15 日，小泉还进行了一次参拜。修改历史教科书，参拜靖国神社，这两件事都与日本侵略历史认识问题有关。

▲供奉有日本甲级战犯的靖国神社

日本的右翼政治势力由来已久。1947 年由战死者家属组成的"日本遗族厚生联盟"，开始是致力于遗族的福利救济事业，1953 年更名为"财团法人日本遗族会"（简称"遗族会"）后，背离初衷，强调要把"英灵显彰及慰灵事业"作为"最优先目标"，主要从事诸如否定侵略战争性质、呼吁官方正式参拜靖国神社等政治活动。在曾经担任过东条英机内阁中的大藏大臣、战后被判处甲级战犯的贺屋兴宣担任会长后，更是全力推动"遗族会"的政治活动。"遗族会"号称拥有104万个遗族家庭、500万会员，占日本战殁者总数的56%，是一个拥有相当经济实力、得到官方和自民党全力支持的势力庞大的政治团体，历届内阁大臣正式或非正式参拜靖国神社都得到"遗族会"的支持和推动。1993年8月，新任内阁首相细川护熙表示日本发动的那场战争"是侵略战争，是错误的战争"后，遭到"遗族会"等右翼团体的坚决反对，"遗族会"发表声明称："大东亚战争是为了保护国家和国民生命财产的自卫战争"，他们公开标榜："日本不是侵略国！""在我国，只有昭和（引者按：昭和，是日本侵略中国期间日本天皇的年号）殉难者，不存在甲级战犯。"

战后出生的一代日本政治家，以为自己与侵略战争无关，不愿意承认日本发动侵略战争的责任，右翼思潮逐渐升级。2012年，日本政府宣布钓鱼岛"国有化"，引起了中日关系紧张，中日建交40周年纪念活动不得不中止。同年，安倍晋三第二次担任首相。安倍参拜靖国神社，不承认侵略历史，积极推动修改《和平条约》，强调集体防卫，扩大海外派兵等一系列行为，想要改变二战胜利格局，破坏亚洲稳定。

日本社会里当然还存在许多积极致力于中日友好的人士，存在着许多从学术上正确揭示日本侵略战争本质的学者。日本人民一旦认识到日本曾经侵略过中国和亚洲各国的历史真相，像前引若干青年学生的话那样，他们也会积极起来保卫和平、反对战争、主持正义。但是，日本社会现实存在着的那些否定侵略的主流意识，决不可以忽视！

出版"历史不能忘记"这套丛书，就是向广大读者介绍中国军民坚持抗日战争的历史，介绍九一八事变以后，特别是七七卢沟桥抗战以后，日本帝国主义侵略中国的历史。今天的青少年距离那个战争年月已经有大半个世纪，青少年有义务、有权利了解抗日战争时期父辈、祖辈中国人遭受的苦难，他们的奋斗和牺牲，他们在抗击民族敌人的过程中所遇到的种种离合悲欢，他们的精神境界，他们给我们留下的经验教训。书写这段历史，就是进行爱国主义教育的好教材。

近代以来中日关系的历史教训

有历史记载的中日交往已超过了 2000 年，从 2000 多年的历史长河来看，中日关系在很长的时期是友好的。近代以前，由于中华汉文化发展到相当高的程度，日本人在政治、经济、文化、宗教各方面，从汉文化中借鉴、吸收了多种养分。据日本史学家井上清教授的分期，日本古代史在新石器时代和弥生时代（金石并用时代）还处在人类历史上的野蛮时期，同时代的中国已经到了经济文化高度发达的秦汉时期。又过了六七百年，日本到了奈良时代和平安时代，中国正处于唐朝。4 世纪以后，日本通过朝鲜，接触了中国文化。井上清指出："日本社会就是这样恰如婴儿追求母乳般地贪婪地吸收了朝鲜和中国的先进文明，于是从野蛮阶段，不久进入了文明阶段。"日本"倭奴"国王接受了东汉皇帝颁发的"汉委奴国王"金印。尤其在奈良时代，日本多次派出遣唐使率领大量留学生到长安、洛阳留学，吸收了中国文化中的许多东西，从文字、儒学、佛学、法律制度、行政体制、文学、庙宇建筑乃至京城设计各方面，形成了日本文化的基础。8 世纪初日本最早的历史书《日本书纪》就是用汉字书写的。

那时候，中国社会发展的总水平高于日本，但中国仍然以平等的态度对待日本。鉴真和尚等高僧冒着生命危险去日本传授汉文化，阿倍仲麻吕等遣唐使、留学生和学问僧冒着生命危险来中国学习汉文化，中日之间的文化交流体现出了一种高尚神圣的品格。进入近代，中日两国都曾遭遇西方列强的侵略，但是由于所承担的压力不同，中日两国的文化背景不同，由此引起的中日两国统治者反应不同，中日两国走上了不同的发展道路。日本迅速吸纳西方文化，在明治维新以后发展起来，不仅超过了中国，而且逐步赶上并达到了西方的水平。这时候，中日两国关系就变成了一个"沉重的题目"，干戈刀兵，腥风血雨，侵略反侵略，绵延了70余年。

2015 年是中日恢复邦交正常化 43 周年，也是甲午战争结束 120 周年，八国联军侵华战争结束 114 周年，日俄战争结束 110 周年，"二十一条"提出 100 周年，九一八事变发生 84 周年，七七抗战和南京大屠杀发生 78 周年，中国抗日战争胜利、日本无条件投降 70 周年。如果从 1868 年算起，近代以来的中日关系迄今已有 147 年，以上所列各大事都包容其中。拿这 147 年划分若干阶段，可以分为：1868 年至 1885 年，是日本侵略中国的准备期；1885 年至 1895 年，是日本蓄意发动甲午战争的时期；1896 年至 1901 年，是日本伙同列强侵略中国的时期；1902 年至 1928 年，是日本进一步侵略中国的时期；1928 年至 1937 年，是日本准备全面侵略中国的时期；1937 年至 1945 年，是日本全面侵略中国并终于导致失败的时期；1946 年至 1971 年，是中日无国交时期；1972 年至 2015 年，是中日复交并在政治、经济、文化各方面全面交往的时期。

147 年中，前 80 年，中日两国之间经常笼罩着不祥的战争阴云。例如，从 1894 年甲午战争起到 1945 年 8 月日本战败投降止，就有：1894 年 7 月至 1895 年 4 月，第一次中日战争；1895 年 6 月至 10 月，日本占领台湾；1900 年 6 月至 1901 年

4 月，日本参加八国联军之役，《辛丑条约》签订后，日本取得了在中国的驻兵权；1904 年 2 月至 1905 年 9 月，日俄两国在中国土地上进行战争；1914 年 9 月至 11 月，日本出兵占领山东并在其后提出灭亡中国的"二十一条"，日军占领青岛直到 1922 年；1928 年 4 月至 1929 年 5 月，日军再次出兵山东占领济南、青岛；1931 年 9 月 18 日，日军在沈阳挑起事变，旋即占领东北全境，继后越过长城，陈兵丰台，终于在 1937 年 7 月 7 日发动卢沟桥事变，开始了长达八年的全面侵华战争。从 1894 年到 1945 年的半个世纪中，日本对中国刀兵相见的日子多于和平安宁的日子。从这里不难看出，近代日本和中国之间，存在着侵略与被侵略的关系。明治维新以后，日本"脱亚入欧"，逐渐发展成为资本主义、军事帝国主义国家，中国却沦入半殖民地半封建国家。日本强大了，中国衰落了，日本却对中国进行了长期的侵略。这与近代以前中日之间的情况正好相反，这是值得人们深思的。

应该说，近代中日之间，不只是血与火的关系。日本在被西方侵略以后自图发展并终于崛起的经验，给了中国人民以启迪。甲午战败后，尤其是日俄战争以后，许多中国人到日本去留学，他们要看一看，日本人是怎样自强起来的，清政府甚至派政府要员去日本考察政治，从日本聘请专家来华厘定法律等等，这与盛唐时期日本派出"遣唐使"到中国来学习文化、考察政治时的情况正好相反。中国留日学生中，出现了一大批革命者，也出了一批技术专家和人文学者。一些日本友人还给孙中山和黄兴等人的革命活动提供过帮助。这批在日本接受教育和得到帮助的青年人，成了改变中国社会的重要力量。西方资本主义社会中产生的大量社会科学方面的著作，包括马克思主义的著作，社会主义、共产主义的理想和观念，很多是通过留日学生介绍到中国来的。在中日无国交时期，许多日本友好人士竭力推动了中日之间经贸、文化往来，发展了两国民间友好关系。由此可见，近代中日关系中，两国人民之间的确存在着友好情谊，这些，中国人民是不会忘记的。较之日本军国主义者长期发动对华侵略战争给中国和中国人民造成的损失和灾难来说，我们尤其感受到中日两国人民间的这种友好情谊的可贵。

1945 年日本无条件投降后，中日之间长期没有正式国交关系。在当时的特殊背景下，日本政府作为美国包围中国等社会主义国家国际战略的工具，坚持反华反共，虽有民间友好关系，国家关系却是冷冰冰的、敌对的，因此，两国关系不能正常展开。

可以说，近代中日关系史，只有 1972 年复交以来的 42 年，是在平等的基础上互利互惠交往的历史。1972 年《中日两国关于恢复邦交正常化的联合声明》、1978 年《中日和平友好条约》、1998 年《中日关于建立致力于和平与发展的友好合作伙伴关系的联合宣言》、2008 年《中日关于推进战略互惠关系的联合声明》四个政治性文件签订，这是制约并维持中日关系的基石。2002 年日本小泉纯一郎内阁首相参拜靖国神社以后，中日关系出现不和谐因素，但到 2008 年福田康夫上台，日本又与中国签订了战略互惠关系的联合声明。

42 年来，两国领导人频繁互访，两国外交当局间、两国政府间建立了交换意见的正常渠道，中日民间友好人士交流活跃，中日友好 21 世纪委员会的定期会议分别在北京、东京轮流召开。两国领导人频繁互访，大大改善了两国的政治关系，从而带来了经济、文化交流的发展。1972 年两国贸易额为 11 亿美元，1981 年是 100 亿美元，2002 年超过 1000 亿美元，

2011 年已经发展到 3449 亿美元（日方统计）的创纪录高度。2012 年中日贸易总额虽然下降了 3.9%，还是保持了一个相当庞大的数字（3294.5 亿美元）。2013 年中日贸易额为 3119.9 亿美元。产业、科技、环境方面的交流蓬勃发展，文化艺术、体育界往来频繁，学术、教育界访问不断。与 20 世纪初的留学热潮相似，复交以后中国学生再次掀起留日热潮；日本学生到中国留学，最近一些年更有增加趋势。两国建交以后，在政治、经济、文化方面往来密切，对中国有好处，对日本也有好处，两国人民更加了解了，两国的经济文化发展获得了有力的推动。尽管这 40 多年中，由于政治制度的不同，经济发展水平的不同，历史文化背景的不同，以及国际因素的影响，两国关系中存在着摩擦、争吵，有几届日本内阁总理大臣就中日历史关系发出不和谐的声音，干扰了中日两国关系发展的大方向；但是总起来说，这几十年中日关系是在和平共处五项原则和中日联合声明、《中日和平友好条约》的基础上得到发展的，主流是好的，大方向是正确的。我们应该珍惜这段历史，推动它向着更健康的方向发展。

国与国之间存在摩擦、争吵是不难理解的，中日两国之间有些摩擦也是很自然的。中日两国之间如果解决了两国关系历史的认识问题，解决了日本对台湾的关系问题，其他的摩擦是不难解决的。

桥本龙太郎首相 1997 年 9 月访华时与中国国家主席江泽民会谈指出，只有正确对待历史，才能真正迎接未来。他在访问沈阳九一八事变博物馆，接受记者采访时特别表示："我们无论怎样健忘，也不能忘记历史。我们可以学习历史，但不能改变历史，我们必须承受起历史的重负，我本人就是怀着正视历史的愿望来到这里的。我们应该在这个基础上，加强日中关系，并面向未来。"桥本首相的这个讲话非常值得重视，这些话，可以说是解决历史认识问题的一把钥匙。解决了近百年中日关系历史的认识问题，中日关系发展的许多问题都好解决了。桥本和村山的话，都是承认历史的，也都是向前看的。

▲桥本龙太郎访问沈阳九一八事变博物馆并题写"以和为贵"

对于近代以来中日关系中日本侵略中国这个历史事实，历史学者和各国人士包括日本所有正直的历史学者和人士都不认为是一个问题，为什么日本政界有那么多大臣不承认这个事实呢？为什么有那么多日本政界人士要在"八一五"那一天去朝拜供奉在靖国神社里的日本战犯呢？为什么日本文部省要修改中学教科书中有关日本侵略的表述呢？为什么安倍晋三要说"侵略"的定义在学术界乃至国际上都没有定论呢？这恐怕在很大程度上与某些日本政界和社会人士的日本观、中国观或者中日关系观有关。

早在 16 世纪末，日本就出现了侵略中国的言论。明朝万历年间，丰臣秀吉以武力统一了日本全国后，他的野心膨胀起来。作为日本的关白（相当于宰相），他想要征服琉球、台湾、菲律宾，还要征服朝鲜和中国，甚至提出要把北京作为日本的首都。他说过，他要把日本交给他的弟弟秀长管理，他自己辅佐天皇坐镇北京，把大唐作为天皇的直辖领土。这是日本政治家最早的扩张主义的主张和野心。

1597 年，丰臣秀吉再次侵略朝鲜，次年（万历二十六年）明朝军队应邀进入朝鲜，和朝鲜军队一起打败了入侵日军，丰臣秀吉死于朝鲜，其占领朝鲜的图谋未成。但丰臣的这种主张一直为德川幕府时期的政治家、思想家所继承。德川幕府时期的一些思想家都鼓吹占领中国，提出建立"大大日本帝国"，这是近代以来所谓"大日本帝国"最早的说法。

明治维新以后，日本确立了"脱亚入欧"，"开疆拓土，布国威于四方"和大陆政策的发展方向。甲午之战、八国联军之役、日俄之战，日本从中国获取了 3 亿两白银的赔款和巨大权益，还从俄国手中夺取了它在华的部分巨大权益，使日本迅速发展成为一个帝国主义国家。从此以后，日本改变了它在历史上曾经师从中国的态度，转而轻视、蔑视中国和中国人，以为可以从中国予取予求，完全不在乎中国人的反应。以至于卢沟桥事变一发动，日本军政方面便认为可以在三个月之内灭亡中国，其狂妄自大、不可一世，活灵活现地刻画出日本自 19 世纪 70 年代以来，因不断轻易从中国勒索巨大权益而极为小视中国的那种心态。这种心态，今天在某些有错误历史观的日本人中是否还存在呢？我们是可以提出这个疑问的。但这部分日本人士，应该对明治维新以来的日本历史，对"脱亚入欧"，"开疆拓土，布国威于四方"和大陆政策的实施后果，对长期侵略中国、侵略朝鲜以及太平洋战争中日本和盟国作战的历史，深刻反省。很遗憾，一些日本政治家缺乏反省历史的素质，他们只记住了原子弹给日本造成的损害，却忘记了日本强加给它的邻国那么多、那么大、那么长久的损害。

然而，许多日本国民仍然保有对中国的高度热情。日本政府没有真正解决对侵略战争的历史认识问题，否认侵略，不仅伤害了中国人民的感情，伤害了东亚及东南亚各国人民的感情，也伤害了有正义感的日本人民的感情。中国人不仅关注历史，更关注现在和未来。我们真诚希望中日两国有一个和谐共处、努力推动彼此经济文化发展的现在和未来。

台湾以及台湾海峡目前存在的状况，纯粹是中国的内政。不久前还有日本人士明确地指出，日本不要染指台湾。我们常常读到这样的报道，日本人有一种所谓"台湾情结"。应该说，有"台湾情结"的也只是部分日本人，这当然是由一定的历史原因造成的。对甲午割台及日本统治台湾50年如何评价，学者们可以根据史料作出判断。不过，当甲午战争100周年的时候，有的日本人跑到台湾去，说什么日本不是从中国手里割取台湾，而是从清国手里割取台湾，为主张"台独"的人撑腰打气。还有日本人公开发表文章，指责中国维护国家主权、统一台湾是"得陇望蜀"，说什么从日本来看，"中国必须分裂"。这种论调，不啻是日本军国主义的狂热症发作。这样的"台湾情结"就应该批判。日本还有日美安全合作范围包括台湾海峡的说法，不能不引起中国政府的关注。绝大多数中国人，包括生活在台湾岛的大多数中国人，都认为中国只有一个，台湾是中国的一部分，中国应该统一，台湾应该回归祖国。日本某些人鼓吹的"中国必须分裂""台湾独立"，以及歌颂军国主义日本对台湾的殖民统治的论调，只能伤害中国人民的感情。

日本人经常感叹中国缺少"知日派"，希望中国留日学生中多一些知日派，中国领导人中有知日派。有的日本对华友好人士批评日本社会不能热情接待中国留日学生，所以多数中国留学生希望去美国和欧洲。这使人回想起 20 世纪初中国学生大批留日时的情况。1918 年 3 月 20 日，国会议员高桥本吉在日本第四十届国会上发言说："假如有所谓为日本的利益而教育中国人，中国人是不会为此感谢的。我相信只有为中国人的利益而教育，才真正有利于东洋和平。"这种意见，在当时是真知灼见，也是空谷足音，可惜不为日本社会所接纳。1920年日本第四十三届国会中，清水留三郎等向政府提出质询谓："来日之中华民国留学生归国之后，多成为排日论者，而留学美国之归国者却多成为亲美论者，政府将采何种方针？"此后，日本议会和政府曾设想给中国留日学生提供多种经济上的援助，简化入学手续，增加招生名额，改变学校对中国学生的冷漠态度，改善一般日本人对中国学生的轻慢侮辱态度，国会甚至还通过了退还部分庚款以发展对华文化事业的决议，等等。这些如果都能实行，未尝不能产生某些好的效果，但尽管如此，也只能是隔靴搔痒，难以从根本上改变中国留学生对日本的感情。日本长期轻侮中国、侵略中国，怎么能使中国留学生对日本产生好感呢。大批留学生不领日本政府的情，拒绝庚款资助。1931 年九一八事变一发生，留学生纷纷回国参加抗日活动。有学者统计，1905 年后，因日本侵略中国，引起在日中国留学生大规模回国抗议，这样的回国抗议现象多达十多次。这在世界留学史上是极为罕见的。如果日本国民不对中国留日学生的留学史和日本政府的对华政策加以反省，怎么能希望中国留日学生中大量产生真正的"知日派"呢！

必须指出，许多正直的日本历史学者本着历史认知，在正确对待中日关系历史方面做了许多值得赞许的工作。以家永三郎教授为例，30 年来，为了忠实于历史事实，坚持在教科书中正确反映日本侵略中国和其他亚洲国家的历史，同要修改教科书的行为进行了长期的斗争。他不惜用 30 年的时间打官司，为尊重历史事实作了可贵的不懈努力，赢得了广泛的支持和同情。《朝日新闻》社论《家永诉讼的战后史意义》指出："作为一个学者，家永之所以常年坚持上诉，用他自己的话说，就是要表明自己在战争时期没有进行反战的'责任'。他说，战后著书的目的是为了用'为什么没有防止战争'这一深刻的思想意识来验证历史。"家永教授的自省意识及其为此所做的长期奋斗，令人肃然起敬。在正确认识近代日本历史、认识近代中日关系历史方面，还有许多正直的日本学者在尊重基本历史事实的基础上，撰写了大量的历史著作，在历史研究上取得了很大成效。但是，也常常听到有的日本青年反映，他们的教科书，他们的长辈，没有教给他们日中关系历史的真相。

在反省历史方面，中国人做得比某些日本人要好些。鸦片战争以后，中国人一直在进行自我反省。甲午战争以后，中国人更加强了自我反省。此后，才有康、梁的戊戌维新，才有义和团的"扶清灭洋"，才有革命派和改良派的种种改造社会的主张，才有孙中山领导的辛亥革命和中华民国的成立，才有社会主义和共产主义运动的发生，才有毛泽东领导的新民主主义革命的胜利和中华人民共和国的诞生，才有 1978 年以后中国特色社会主义理论的提出。中国人正是反省了中日两国近百年关系史，才认识到只有抓住日本侵略中国这个中日关系历史的基本线索，才能展开今后的中日关系。在反省中日关系历史（包括反省中国和西方列强的关系）的过程中，中国人认识到，中国政府的腐败、经济发展的停滞、科技的落后、中国人对外部世界的无知或少知，是中国沦为半殖民地半封建社会、主权不完整、独立难保证、国家贫穷落后的内部原因。落后就要挨打是一个形象的概括。帝国主义（包括日本帝国主义）侵略中国，就是利用了中国的落后。中国人终于认识到，只有争取到国家的独立，摆脱半殖民地半封建状态，中国才有可能发展经济。只有经济发展了，中国才有可能免除贫穷落后，只有国家强大了，中国才有可能同世界各大国发生平等国交。只有这时，在外国可能觊觎中国时，才能顶住列强的封锁、制裁，发展自己；在外国愿意与中国交往时，才能在和平共处五项原则的基础上，与之发展互利互惠的平等交往，而不至于丧失国家的立场和利益，才能使中华民族立于世界民族之林。本着这样的认识，中国正在中国特色社会主义理论的指导下，集中力量建设社会主义，并且已经取得了初步的成效，在实现我们的先辈提出的国富民强的理想中迈出了扎实的步伐。但此时，有所谓"中国威胁论"在美国、日本的报刊上又广为宣传。这是以小人之心度君子之腹，是霸权主义理论的曲折反映。中国虽然有了很大进步，国民经济总产值已经稳居世界第二，但人均产值还排在世界人均数之后，何来威胁之有？中国几千年的历史证明，中国人的经营、奋斗，都只是在中国这块土地上，中国人没有对外侵略的基因。百余年来，中国受各霸权大国欺凌的痛苦经历载在史册，我们不会忘记。早在 20 世纪 60 年代，在我们获得了制造原子弹的技术以后，中国领导人在坚持反霸权主义的同时，一再表示不称霸，并且以此教育我们的干部和人民。半个世纪以来，中国领导人一再在世界上公开声明，我们不首先使用核武器，不搞核讹诈。今天世界上的有核国家，包括美国在内，哪一个国家作出过这样的声明呢？将来中国真正强大起来了，中国也不会在世界上称霸，这是有历史和现实根据的。

反省近百年的中日关系，不是要抓住历史不放，而是要从历史中总结经验教训，使后人变得聪明起来，从而更好地面向未来。学习历史是为了面向未来。大东沟海战战场（今辽宁省东港市）附近的大孤山上立有一块刻着"安部仲麿之遗迹"（安部仲麿即阿倍仲麻吕）的石碑，此碑已甚斑驳，显然设置已很久远。这或者是安部游历之地，或者是他航行落难之地。回顾中日交往历史，人们多么希望，此后中日之间多一些安部遗迹，不再有战场遗迹啊！

▲大孤山"安部仲麿之遗迹"碑

九一八事变开始了日本大规模侵华的历程

◎ 东方会议确立了日本侵略中国的国策

从 1874 年侵略台湾开始，到 1894 年通过甲午战争侵略中国、侵占台湾，日本早已走上侵略中国的道路。但是，明确先侵占我国东北、再侵占全国这一国策，则是从东方会议开始。主持东方会议的是当时的日本内阁首相田中义一。田中是日本著名的大陆扩张主义者，是对华"积极政策"的推行者。早在 1913 年，他前往我国东北侦探以后就公开提出："大陆扩展乃日本民族生存的首要条件"，"利用中国资源是日本富强的唯一方法"，下决心要把"满蒙"（指我国东北地区）变成为"世界上最昌盛的殖民地"。当了首相后，他决心实现他的理想。

1927 年 6 月 27 日至 7 月 7 日，田中义一以内阁首相身份召开了有陆海军首脑、驻华使领馆官员、关东军司令官参加的东方会议。一群主张对华强硬政策的军国主义分子控制了会议。会议最后通过了田中义一提出的《对华政策纲领》，规定了把"满蒙"从中国领土分离出去的方针，又规定，日本可以以日本在华权益和日侨"安全"为由，随时向中国发动武装侵略。自此以后，日本帝国主义侵略中国的一系列决策，不过是这个纲领的具体化而已。九一八事变，就是为实施这个方针所采取的最重要的步骤之一。

◎ 九一八事变——日本关东军精心策划的阴谋

1931 年 9 月 18 日夜，日本关东军驻沈阳附近部队的一名中尉河本末守，率领七名部下来到沈阳城北约 2.5 公里处的柳条湖附近南满铁路路轨，按照预先选定的路段，埋设好了经过精心计算的炸药计量。夜里 10 点 20 分，炸药爆炸，炸掉一侧约 70 厘米长的路轨，并未影响稍后经过的一列列车通行。在爆炸地点附近约 3 公里隐蔽地埋伏的日军百余人，当获得爆炸成功的消息后，立即向距离爆炸地点只有 800 米的东北军营地北大营发起进攻。同时，沈阳车站的日军大炮也向北大营轰击。当夜 11 点多，日军驻奉天（今沈阳）特务机关长土肥原向驻旅顺的关东军司令部发出电报，公然捏造说，中国军队在奉天北面的北大营西侧破坏南满铁路，袭击日军守备队，双方发生冲突。关东军司令部立即挥师北上沈阳，并命令驻东北各地日军，向中国军队发动进攻。

东北军驻北大营守军 7000 人，完全没有防范敌人进攻的准备，当夜，旅团以下的许多主官都不在营内值宿。日军来袭，守军正在睡觉，一片惊慌。旅参谋长紧急向旅长和东北边防司令长官公署参谋长荣臻请示，荣臻根据此前得到的蒋介石的指令，命令部队"不准抵抗，不准动，把枪放到库房里，挺着死，大家成仁，为国牺牲。"部队经过无组织的零星抵抗，撤出营房。19 日早晨，大批增援日军又占据了沈阳东北军另一处大型军营东大营。日军几乎没有付出任何代价就占领了沈

▲烧毁中的北大营

阳城。日军在沈阳大肆抢劫和杀戮，仅官方财产损失就在 17 亿元以上，东北军飞机 262 架、炮 3091 门、战车 26 辆、枪械 11.8 万支、机枪 5800 挺，以及大批弹药、粮秣、被服，均落入日军之手。

与此同时，关东军按计划出动，占领南满铁路沿线的营口、田庄台、盖平、复县、大石桥、海城、辽阳、鞍山、铁岭、开原、昌图、四平街、公主岭以及安东、凤凰城、本溪、抚顺、沟帮子等城。19 日晚占领长春，21 日占领吉林。

关东军行动一切都按计划进行，一周之内，日军占领我东北辽宁、吉林两省三十座城市，就好像搞了一次大规模的军事演习一样。

九一八事变前后，蒋介石根据其"攘外必先安内"的卖国政策，多次指示东北边防军司令长官张学良，对日本的侵略采取不抵抗政策。蒋介石致张学良一电报，告诉张"无论日本军队此后如何在东北寻衅，我方应不予抵抗，力避冲突，望吾兄勿逞一时之愤，置国家民族于不顾"。张学良执行了蒋介石的"不抵抗主义"方针，解除了东北军将士对日军侵略野心的必要警惕。从中国方面来说，东北军不抵抗日军侵略，各地不战而溃，这是日军发动九一八事变后得以迅速占领东北大多城市的基本原因。到 1932 年 2 月 5 日日军占领哈尔滨为止，不过四个半月，日军就占领了相当于日本本土三倍的我东北三省广大地区。

◎ "一·二八"事变和日本操纵的伪满洲国出笼

关东军成功地策划了九一八事变，实现了军事占领东北全境的图谋。但是它并不以此为满足，它还要在东北搞所谓满洲独立，于是力图组织在日本军国主义控制下的"满洲国"，企图通过它实现日本彻底独霸东北的梦想。东北是国际眼光所关注的地方，为了掩人耳目，便于组织"满洲国"的活动，关东军那伙制造事变的老手，想在上海再制造一点事情，以便转移世人耳目。

制造了九一八事变的关东军高级参谋板垣征四郎，立即与日本公使馆驻上海武官助理田中隆吉秘密策划。田中隆吉在战后承认，是他挑起了"一·二八"事变。1932 年 1 月 18 日下午，几个日本和尚走到上海一家以抵制日货著名的商店附近，遭到田中隆吉雇用的几个无赖殴打，日方事后公布，其中一人伤重身亡。日方立即利用这一被自己制造出来的事件，大肆鼓噪，要求中国解散抗日团体。日本内阁持强硬态度，海军舰队陆续向上海集结。日本驻上海总领事向上海市长吴铁城发出最后通牒，限 1 月 28 日下午 6 时对解散抗日团体作出满意的答复，否则，日本海军将"自由行动"。虽然吴铁城对满足日方要求作出允诺，但当晚日本海军陆战队在上海大批登陆，并在闸北向中国军队发起进攻。

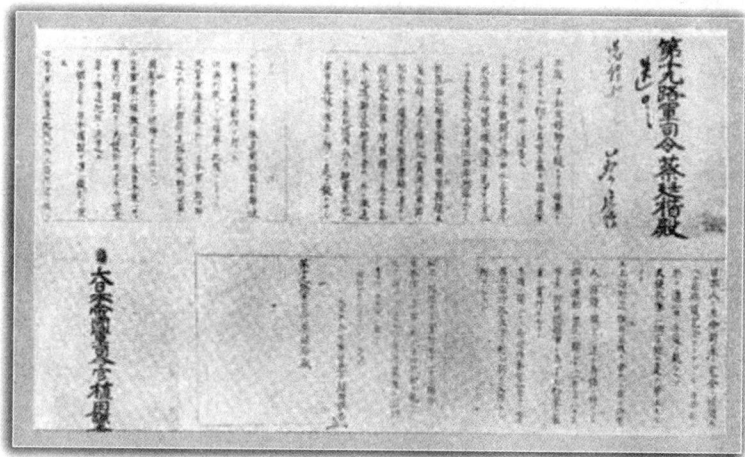

▲日军司令官植田谦吉发送给十九路军司令蔡廷锴的通牒

驻守上海的中国军队是十九路军。这支部队本来同情人民群众的抵制日货行动，这时激于民族义愤，奋起抗敌，给了侵略者以痛击。日军虽然飞机、大炮轰炸，烧杀抢掠，但在军事上并未占到便宜，日军宣扬四小时解决上海战事的狂言不攻自破。到 3 月初，日海、陆军增援到 4 万余人，战事扩大，十九路军进行了坚决抵抗，伤亡惨重。但是南京政府为了保持江西的"剿共"兵力，拒不支援。日军伤亡也很大，据日方公布的资料，陆军伤亡人数占参数总兵力的17%。这就是震惊中外的"一·二八"事变。

战火在上海租界附近进行，引起了在上海有重大政治、经济利益的英、美、法等国的严重关注。日本政府顾虑到 3 月 3

▲十九路军军长蒋光鼐在前线布防

日国际联盟理事会要讨论此事，在 4 日给上海日军下达了停战令。在英国公使的斡旋下，中日两国外交代表在上海举行停战谈判，5 月 5 日，签署《上海停战协定》，中国政府对外妥协，在谈判中作了重要让步。协定规定，日本军队可以留在上海市区，而中国军队却要撤退到昆山、苏州一带。

"一·二八"事变果然达到了转移视线的目的。关东军利用各国密切关注上海交战的形势，在东北紧锣密鼓策划组织伪"满洲国"。1932 年 1 月，关东军司令官本庄繁提出了"满蒙中央政府"的一套方案，陆军省、海军省、外务省也据此提出了《中国问题处理方针纲要》，决心排除国际联盟的干涉，把"满蒙"从中国主权下分离出来。2 月中旬，本庄繁约原东北政务委员会委员、原国民政府委员张景惠等会商后，宣布成立"东北行政委员会"，以张景惠为委员长，与南京国民政府脱离关系。3月1日，张景惠发表"建国宣言"，并推派代表去旅顺请辛亥革命时被推翻的清朝末代皇帝溥仪出任伪"满洲国"的"执政"。9日，本庄繁陪同溥仪来到伪"满洲国"的"首都"长春，举行了溥仪就任"执政"典礼。这个伪"满洲国"是日本设计的以一种特殊体制出面的殖民地，日本规定它的领地是东三省加热河省，它的"执政"及其后的"康德皇帝"、大臣等官吏，关东军司令官有"保荐权"和"解职权"，它的国防及治安由日本负责，"铁路、港湾、水路、航空线等之管理并新线之布施"，均委请日本指定的机关进行。

日本政府迅速批准关东军策划伪"满洲国"的行为。但是考虑到国际联盟正在调查九一八事变和"一·二八"事变，为免陷于国际孤立，没有公开承认。9月，形势改变，日本正式向伪"满洲国"派出特命全权大使，并签订《日满协定书》，日本帝国主义通过条约形式取得了控制中国东北全部政治、经济、军事的权利，东北成为了日本帝国主义的殖民地，成为了日本向全中国进一步侵略的基地。从此，日本帝国主义在中国东北进行了长达14年的残酷的殖民统治，给东北人民造成了无穷的苦难。

全国掀起抗日救亡热潮

◎ 日本占领热河、分离华北的步骤

占领东北，并不是日本侵华过程的终结，而是它的开始。大陆政策作为日本的国策，本来就定为先占领朝鲜、东北，再占领全中国乃至全世界。这是日本的军国主义、帝国主义本性决定的。

日本在占领东北，使它一手操纵扶植的伪"满洲国"站稳脚跟以后，又开始实施其武装侵略的计划。1933年元旦，日军在山海关制造事端，并于3日占领了由关外通往关内的咽喉、战略要地山海关，由此掌握通往关内的主动权。2月，日军集中兵力，分三路向热河省（相当于今河北省承德地区）进犯，于3月4日占领热河省会承德，同时向冀东和长城沿线进攻。5月，占领唐山和滦县、遵化、玉田、平谷、蓟县、三河，严重威胁着北平、天津的安全。各地中国军队虽然进行了坚决抵抗，但国民党政府仍然本着所谓"抗日必先剿匪，安内始能攘外"的方针，集中兵力于江西"剿共"前线，对外实行妥协退让政策。经过蒋介石、汪精卫批准，5月31日，北平军分会代理委员长何应钦派出的代表，在日本关东军司令部参谋副长冈村宁次提出的、不准改动一字的协定草案上签字，正式签订《塘沽停战协定》。这个协定表面上是军方人员之间签订的军事性的协定，虽然规定日军从关内撤退，但是它在实际上承认了长城为日军的占领线，认可了日军对东北和热河的非法侵占，肯定了长城和中国撤军线之间 20 余县的非军事区，保留了日军对该区域的干预权，为日后日本大举侵略华北地区埋下了伏线。这实际上是一个严重的卖国条约。

▲《塘沽停战协定》签字现场，前排左起第三人为日本代表冈村宁次。

塘沽协定签订以后，日军暂时停止了武装侵略，但从政治上分化华北的阴谋一天也没有停止。1935 年，日本通过政治、外交和军事威胁的手段，又迫使中国方面同意形成《何梅协定》和《秦土协定》两个文件。所谓《何梅协定》并不是一个正式的外交文书，甚至也不是两国军方一个正式军事协定，它是日本天津驻屯军（依据 1901 年《辛丑条约》规定驻扎在天津的日本军队）借口天津两家亲日报纸的负责人被暗杀等一些小事件，向中国方面提出撤销河北省、天津市国民党党部，罢免河北省省长、天津市市长，撤退河北省的中国驻军，禁止中国国内的排日反日活动的条件。这些条件，是日本华北驻屯军司令官梅津美治郎在 6 月 9 日送交何应钦的书信中提出的，要求何应钦全面接受。何应钦在南京国民党中央政府的批准下，于 7 月 6 日通过回函作了全面承诺。梅津和何应钦的信件交换，历史上称之为《何梅协定》。所谓《秦土协定》，指察哈尔省（今河北省张家口地区及其以北内蒙锡林郭勒盟一带）代理省长秦德纯与关东军特务机关长土肥原贤二之间的信件交换。日军为了取得在察哈尔的行动自由，借中国驻军扣留过证件不清的日军过境人员之事，压迫中国军方。日方向中方提出，撤退察哈尔的中国驻军，使察东成为非军事区，撤销察哈尔的国民党党部，解散排日机构，为日本人在察哈尔和内蒙的活动提供帮助。6 月 27 日，秦德纯对日方要求作出了书面承诺。《何梅协定》和《秦土协定》，达到了日本方面把中国政府在河北省和察哈尔省的政治、军事力量排挤出去，使该两省从中国初步分离的目的。此后，日本一直在利用各种手段从事分离华北的工作，力图使华北脱离中央政府的控制。1936 年，日本还扩充了原驻天津的中国驻屯军，并且非法地把驻屯军开进了北平北面的丰台。

◎ 中国共产党的抗日要求

1931 年九一八事变的发生，是日本帝国主义开始大规模入侵中国的标志。鉴于外敌入侵，中共中央立即发表声明，谴责日本侵占东三省，谴责国民党执行不抵抗政策，出卖民族利益，号召"全中国工农劳苦民众……一致动员武装起来，给日本强盗与一切帝国主义以严重的回答"，特别指出，日本帝国主义占据东三省"是日本帝国主义在中国殖民地政策和中国国民党一贯投降帝国主义与勾结帝国主义政策的必然结果","党应该特别加紧反帝斗争,尤其是反日斗争的领导,以开展反帝的革命运动"。1932 年 1 月上海战争以后,中华苏维埃共和国临时中央政府主席毛泽东发布了对日战争宣言,正式宣布对日战争,表示要以民族革命战争驱逐日本帝国主义出中国,以求中华民族彻底的解放和独立。中国共产党不仅号召群众,宣言抗日,还派出大批党员和领导干部,深入东北各地,参加

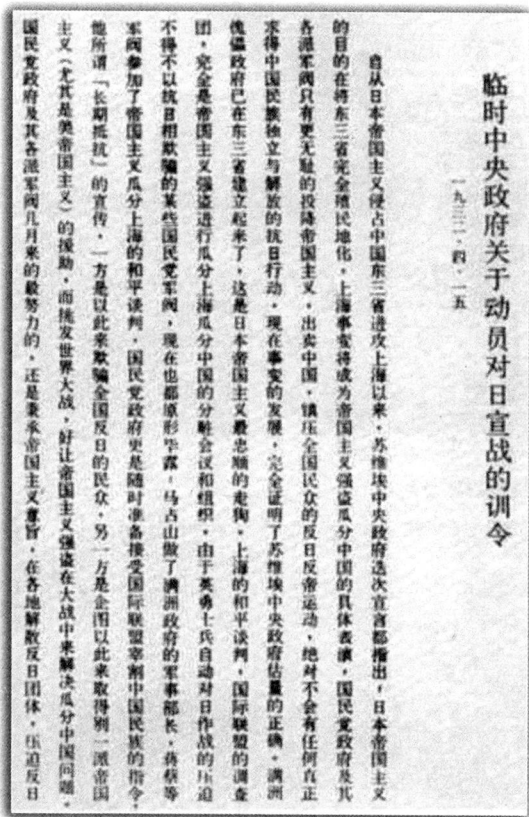

▲中华苏维埃临时中央政府发表对日宣战通电

和领导东北人民风起云涌的抗日斗争。许多共产党员参加了各地群众组织的抗日义勇军；中国共产党还直接领导了南满游击队、东满游击队、珠河游击队、密山游击队、宁安游击队、汤原游击队、饶河游击队、巴彦游击队。这些游击队后来发展成为中共领导下的东北人民革命军（共有六个军），1936 年进一步发展为东北抗日联军，他们在东北大地上，在白山黑水间，同日本侵略军展开了长期的殊死斗争。1936 年英勇牺牲的抗日联军第三军第二团女政治委员赵一曼，就是他们中的杰出代表。

1935 年 7 月，正是《何梅协定》和《秦土协定》形成的时候，日本帝国主义分离华北的阴谋连连得手，中国共产党发表《八一宣言》，指出中华民族亡国灭种大祸迫在眉睫，抗日救国成为当前全国人民的主要任务，呼吁建立抗日民族统一战线，号召一切不愿意当亡国奴的同胞，一切爱国的军官和士兵、党派和团体，联合起来，"有钱的出钱，有枪的出枪，有粮的出粮，有力的出力，有专门技能的贡献专门技能"，为抗日救国事业而奋斗。12 月，红军长征到达陕北不久，中共中央就在瓦窑堡举行会议，鉴于日本帝国主义深入国土、国内阶级关系变化、民族矛盾上升，为了抵抗日寇，确定了组成最广泛的抗日民族统一战线的总策略。毛泽东在会议上作了《论反对日本帝国主义的策略》的报告，详细说明了建立抗日民族统一战线的必要性和可能性。中共为此进行了最为复杂的思想转变和组织转变，进行了建立抗日民族统一战线的一系列最为复杂、最为困难的准备工作。

◎ 全国人民的抗日救亡热潮

日寇侵略的形势越来越严重，而南京国民党政府却坚持

"攘外必先安内"错误政策，对敌一味妥协退让。中国共产党则一再呼吁停止内战，共同抵抗日本侵略。在这样的形势下，全国人民的抗日热情逐渐高涨起来。

南京政府虽然坚持不抵抗政策，但部分中国军队还是奋起抵抗，人民群众积极支持抗日。九一八事变以后，在黑龙江省齐齐哈尔以南的嫩江桥，东北军马占山部抵抗日军进攻，得到各界支持，历史上称为江桥抗战；在辽宁的锦州，在黑龙江的哈尔滨，东北军所部对日军都进行了抵抗。"一·二八"事变后，十九路军在上海一带坚决抵抗日军进攻，给予日军以重挫，并且得到全国人民的支持。日军进到长城沿线，沿线中国军队也曾对敌作战，国民党中有一些爱国将领也不满意"攘外必先安内"错误政策，要求停止内战，一致对外。1930年中原大战失败后退隐泰山的国民党中央执行委员冯玉祥，以及在福建成立人民政府、号召抗日的李济深都是这样的爱国人士。

1932年秋，冯玉祥借其旧部宋哲元出任察哈尔省政府主席的机会，来到察哈尔主持对日作战。冯玉祥在察哈尔招集旧部，集合抗日力量，聘请大量共产党人参与抗日部队的组织和谋划工作，并于1933年5月在张家口召开群众大会，正式宣布成立察哈尔民众抗日同盟军。全军10万人，以冯玉祥为总司令。察省民众抗日同盟军的成立，使全国民气得到振奋，各地知名人士纷纷驰电声援。7月，抗日同盟军出师察东，力克被日伪军攻占的察东重镇多伦，歼敌1000余人，收复察东四县。正当察哈尔抗战取得胜利，全国支援的时候，南京的蒋介石、汪精卫政府却极不满意，给冯玉祥施加了极大的压力。蒋、汪不仅谴责冯玉祥"为共产荧惑"，封锁、断绝张家口的粮食、弹药来源，并且集结大军，准备开赴察哈尔，还派特工去察哈尔分化、拉拢冯玉祥的部将，致使一部分人倒戈。这时，日军也向察东集结，要夺回多伦。冯玉祥被迫于 8 月宣布解散抗日同盟军，辞去总司令职务。同盟军余部（包括中共直接掌握的部队）在方振武、吉鸿昌领导下继续抗日，但遭到日伪、蒋军的四面围攻，于 10 月全军失败。1934 年 11 月，共产党员吉鸿昌在天津被国民党政府逮捕，并执行枪决。吉鸿昌大义凛然，临刑前写诗言志："恨不抗日死，留作今日羞。国破尚如此，我何惜此头。"

察哈尔民众抗日同盟军失败，更加激起了国内对国民党政府反动政策的痛恨。原在上海抗日的十九路军被调往福建参与围剿红军，李济深等反对蒋介石"攘外必先安内"的政策，以十九路军为骨干，联合各路进步人士，于 1933 年 11 月发动"福建事变"，以"中华共和国人民革命政府"名义，宣布抗日反蒋。蒋介石不能容允福建人民政府的存在，率大军自任总司令，前往进剿。福建人民政府虽然失败，但是它表明，在民族存亡的危急关头，抵抗日本帝国主义侵略已成为中华民族的最大需要。

抗日救亡热潮也在学生中掀起。日本帝国主义分离华北、"华北自治"的阴谋在北平、天津的学生中激起了强烈反响。九一八事变以后，大批东北人士和学生流亡到关内，流亡到北平，他们宣传东北失守的真相，他们唱起《松花江上》那哀婉的歌声："哪年，哪月，才能够回到我那可爱的故乡？哪年，哪月，才能够收回我那无尽的宝藏？爹娘啊，爹娘啊，什么时候才能欢聚一堂?!"东北父老和学生的遭遇，早已激起北平人民和学生的爱国激情。现在日寇深入，日军进据丰台，直接威胁到北平的安全，华北和整个中国都有被沦为日本帝国主义殖民地的危险。北平学生深感"华北之大，已经安放不得一张平静的书桌了!" 1935 年 12 月，在中共北平临时市委的直接领导下，北平学联召开代表大会，决定联合北平各界大中学生上街请愿示威，反对"华北自治"，反对成立冀察政务委员会，反对"防共自治"，呼吁政府积极抵抗日本侵略。12 月 9 日，北平大中学生 6000 余人走上街头，前往新华门，向国民政府军政部长何应钦请愿，沿途高呼"打倒日本帝国主义""立即停止内战""反对华北五省自治"的口号。游行队伍在西单遭到军警镇压，100 余人受伤，30 余人被捕。北平学联没有被军警镇压所吓倒，决定在 12 月 16 日冀察政务委员会成立的当天，发动更大规模的学生示威游行。这一天，3 万多人在天桥

▲1935 年 12 月 9 日，北平学生在街上示威，奔走宣传抗日。

举行市民大会，会议通过了誓死反对日本帝国主义侵略中国的决议。游行群众再次遭军警镇压，400多人受伤。一二·九运动立即得到全国学生的热烈响应，天津、上海、南京、武汉、广州等全国各大中城市学生纷纷走上街头，支持北平学生的爱国行动，抗议政府镇压学生运动，要求动员全国力量抗日。学生好比一堆干柴，一经点燃，抗日的热情就在全国蔓延开来。

一二·九运动后，抗日热情在全国更加高涨，各地群众性的各界抗日救亡组织纷纷建立。1936年5月底，在上海召开了全国各界救国联合会，华北、华中、华南及长江流域20余省市代表约70人出席，大会推举宋庆龄、何香凝、沈钧儒等全国知名人士为领导人，发布了《抗日救国初步政治纲领》等文件。大会呼吁全国各党各派彻底团结、共同抗日。7月15日，全国各界救国联合会以沈钧儒、章乃器、陶行知、邹韬奋名义发表《团结御侮的几个基本条件与最低要求》，表示希望蒋介石放弃"先安内后攘外"的政策，联合各党各派，开放民众运动，共纾国难；希望国民党联合各党各派，主要是与共产党重新携手，为抗日救国共同奋斗。8月10日，毛泽东致电全国各界救国联合会沈钧儒等人，认为他们的宣言、纲领和要求，代表全国最大多数不愿做亡国奴的人民之意见与要求，表示"愿意在你们这些纲领和要求下面，同你们、同一切愿意参加抗日救国的党派、团体和个人诚意合作与共同奋斗"。各界救国会的抗日救国活动，是南京政府所厌恶的。11月23日，上海市公安局以"非法组织所谓上海各界救国会，托名救国，肆意造谣"，"勾结赤匪"，鼓动工潮，颠覆政府的罪名，逮捕了救国会领袖沈钧儒、章乃器、李公朴、邹韬奋、王造时、史良、沙千里，构成著名的"七君子事件"。宋庆龄发表声明，指出救国会的目的完全是促成政府与人民成立联合阵线，抵抗日本侵略，既不袒护共产党，也不反对政府。"救国会的七位领袖已经被捕了，可是我们中国还有四万万人民，他们的爱国义愤是压迫不了的。"全国各界掀起了要求抗日、营救七君子的运动，进一步把人民群众的抗日热情鼓动了起来。

在全国抗日要求高涨的时候，蒋介石仍表示以"剿共"为首要，不要轻言抗日。他调集 30 万大军，前往西北，要对不久前刚刚到达陕甘的红军作第六次围剿。12 月 4 日，蒋介石来到西安临潼华清池坐镇，督促张学良的东北军和杨虎城的西北军开赴"剿共"前线，否则要将东北军和西北军调离陕甘，由国民党"中央军"亲自"剿共"。东北军、西北军两军部队抗日情绪高涨，而且早已与红军达成互不进攻、共同抗日的协议，蒋介石前来督战，把两军推上了绝路。12 月 12 日，张学良、杨虎城发动"兵谏"，在临潼逮捕了蒋介石，在西安逮捕了陈诚等人，这就是震惊中外的"西安事变"。张学良、杨虎城随即发表通电，指陈捉蒋缘由在于国难当头，而蒋介石"弃绝民众，误国咎深"，因此对蒋介石"为最后之诤谏，保其安全，促其反省"，并提出抗日救国八项主张：（一）改组南京政府，容纳各党各派，共同负责救国；（二）停止一切内战；（三）立即释放上海被捕之爱国领袖；（四）释放全国一切政治犯；（五）开放民众爱国运动；（六）保障人民集会、结社一切之政治自由；（七）确实遵行总理遗嘱（指孙中山临终遗嘱）；（八）立即召开救国会议。

西安事变在全国掀起巨大反响，全国有十八个救国团体当日发表声明，拥护张、杨八项抗日救国主张。国民党中央政治会议决定讨伐张、杨，以何应钦为讨伐军总司令，这是以亲日派何应钦为主作出的决定，亲美派宋美龄（蒋介石夫人）、宋子文（南京政府财政部长）等反对立即讨伐，主张弄清情况，

▲《西北文化日报》对西安事变的报道

确保蒋之安全，而冯玉祥等认为立即讨伐会导致内战。中共中央在收到张、杨邀请参与解决西安事变时，经过认真商讨，认为张、杨发动西安事变对于推动全国抗战是积极的，应该予以支持，但是，停止内战、推动全国抗战是首要任务，不可因事变而导致新的内战，应该把抗日作为最高旗帜，联合南京政府及其他一切爱国力量，不主张与南京采取对立方针。中共中央最后确定了对于西安事变采取和平解决和把"逼蒋抗日"改为"联蒋抗日"。

中共中央派周恩来等去西安说服张学良、杨虎城，在一致团结抗日的基础上，和平解决南京与西安问题。经过张学良、杨虎城、周恩来与代表蒋介石的宋子文、宋美龄连续谈判，达成释放蒋介石、停止内战、共同抗日等和平解决"西安事变"的协议。蒋介石本人也表示"绝不打内战，我一定要抗日"。周恩来随即与蒋介石见面，蒋介石对周恩来表示："停止剿共，联红抗日，统一中国，受他指挥"；由宋子文、宋美龄、张学良代表蒋与周谈判解决一切；蒋回南京后，周可直接与他谈判。

西安事变的和平解决，挫败了亲日派的阴谋，避免了新的内战，它是民族矛盾上升，阶级矛盾下降，阶级矛盾服从民族矛盾的表现，也是全国抗日热潮高涨以后，国内民族资产阶级的一部分代表，尤其是国民党内一部分上层实力人士不满意南京政府的对日政策，要求停止剿共、停止内战、一致抗日，并接受共产党统一战线、抗日主张的结果。西安事变推动了蒋介石的转变，推动南京政府逐渐走上抗战救国的道路，为下一阶段确立全国抗战路线奠定了政治的、思想的基础。

七七卢沟桥抗战
中国进入全面抗战时期

◎ 卢沟桥抗战，日本开始全面侵华

1937 年，日本已经在华北站住了脚跟，并且陈兵丰台，在丰台、卢沟桥一带朝夕演习，大有一举夺取北平之势。按照东方会议规定的大陆政策，先占东北，然后进据华北，再占领全中国，这是日本军国主义的既定方针。到 1937 年春夏之间，进一步采取行动的各种条件都已经准备好了，东京政界已经传出"七夕之夜，华北将重演柳条湖一样的事件"。果然，7 月 7 日夜里，华北的柳条湖事件发生了。

在北平西南 15 公里处的永定河上，有一座造型优美、历史悠久的桥梁，桥东还有一座小县城，这就是卢沟桥和宛平城。这里是北平西南的重要通道，守卫这里的中国军队是第二十九军 37 师 110 旅 219 团 3 营。非法驻守在卢沟桥附近的是日军中国驻屯军步兵旅团第 1 联队第三大队第八中队。1937 年 7 月 7 日晚 7 时半，第八中队按照预先拟定的计划在卢沟桥北的回龙庙（日军误称为龙王庙）举行夜间演习，准备乘夜幕接近回龙庙东大瓦窑的主阵地，然后在黎明实行突袭。深夜，演习日军声称丢失一名士兵，要求进宛平城搜查，理所当然遭到中国守军拒绝。稍后，那位据说丢失的士兵回到营房。日军并不罢休，继续向卢沟桥地区增兵，日军驻天津的步兵和炮兵也赶来增援。显然，所谓丢失士兵只是一个不高明的借口。为了执行发动战争的计划，没有借口也要找一个借口。8 日凌晨，日军向卢沟桥和宛平城发起进攻，意图解除卢沟桥附近中国军队的武装。

　　驻守在卢沟桥的中国军队受全国抗日救亡运动的影响，有抗日热情，士气高涨。第二十九军副军长秦德纯命令部队："即以宛平城和卢沟桥为吾军坟墓，一尺一寸国土，不可轻易让人。"旅长何基沣也命令部队，对日军武力侵犯坚决回击，决不退让。全体守军奋勇还击，打退了敌人的多次进攻，9 日晨收复了日军曾经占领的永定河西的阵地。这就是著名的七七卢沟桥抗战。

▲守卫卢沟桥的战士在掩体后面准备战斗

　　卢沟桥的枪声，是日本帝国主义灭亡中国野心的暴露。日本政府内虽然有所谓"扩大派"与"不扩大派"的微小的策略区别，但在扩大对华侵略上并无实质区别，扩大派立即占了上风。日本内阁陆军大臣杉山元认为，"中国事变一个月就可以解决"。7月11日，日本天皇批准了内阁会议提出的增兵华北的方案，日本政府同时发表对华北派兵的声明。12日，天皇任命的中国驻屯军新任司令官香月清司到达天津，立即部署，要一举消灭第二十九军。日本国内连续进行战争动员，调兵遣将，准备在两个月内讨伐第二十九军，三四个月内消灭中央政权。

7月26日，香月清司向第二十九军军长宋哲元下达最后通牒，限第二十九军于28日前全部撤出北平、天津地区，遭到拒绝。次日，香月清司下令向第二十九军发动总攻击。这时，日军在平津地区已集结兵力多达6万人，飞机200余架，在力量对比上，中国军队已处于被动地位。28日，日军按计划向北平发起总攻。北平城南约10公里的南苑是日军进攻的重点，第二十九军副军长佟麟阁和132师师长赵登禹率部对来敌进行了顽强抵抗，最后失去阵地，佟、赵二将军光荣殉职。当日夜，第二十九军从北平撤往保定。29日，日军向天津猛烈进攻，日机肆意轰炸，南开大学藏有大量珍贵书籍的木斋图书馆被夷为废墟，天津失陷。平津失陷，标志着日本军国主义全面进攻中国的战线拉开了。

日军在平津得手，立即拉开架式，一方面准备进攻华北各地，另一方面，把进攻重点放到了上海方向。日本海军舰队大批驶向上海，日本第三舰队司令长官长谷川清提出："欲置中国于死地，以控制上海及南京最为重要。"这实际上就成为下一步日军的用兵方向。8月初，日军在上海寻衅闹事，一军官直闯上海虹桥机场，被击毙。以此为借口，13日上午，日海军陆战队对上海多处发起进攻，日本军舰也向上海闸北地区发起炮击。京沪警备司令张治中率部奋起反击，淞沪抗战由此开始。日本政府发表声明，要采取断然措施，"膺惩"中国军队，还把卢沟桥事变以来的所谓"华北事变"改称为"中国事变"，用意在于把对华北的侵略扩大为对全中国的侵略，进一步扩军备战，正式走上全面侵略中国的法西斯战争的道路。

▲中国军队在八一三淞沪战役中奋勇抗击日寇

◎ 国共合作掀起全国全面的抗日战争

西安事变以后，国内的政治关系首先是国共关系有了一定程度的调整，全国的抗战热情普遍高涨。卢沟桥事变的第二天，中国共产党立即通电全国，呼吁"全中国同胞，政府与军队，团结起来，筑成民族统一战线的坚固长城，抵抗日寇的侵略！"号召武装保卫平津、保卫华北，不让日本帝国主义占领中国寸土，为保卫国土流尽最后一滴血！毛泽东、朱德等致电国民政府行政院长兼军事委员会委员长蒋介石，要求"实行全国总动员，保卫平津，保卫华北，收复失地"。蒋介石也对日本的侵略野心有所警惕，改变了西安事变以前，尤其是九一八事变前后对日不抵抗的态度，通电全国军政长官要"一体戒备，准备抗战"。国民政府也在南京召集军事会议，商讨应战事宜；同时与日方交涉，又寻求第三国调停，均不得要领。7月17日，蒋介石在庐山发表谈话，指出："卢沟桥事变的推演，是关系中国国家整个的问题，此事能否结束，就是最后关头的境界。"虽然他表示希望和平而不求苟安，准备应战而决不求战，同时也表示了决心："如果战端一开，那就是地无分南北，年无分老幼，无论何人皆有守土抗战之责任。"当平津失陷之后，蒋介石发表文告，宣布："现在既然和平绝望，只有抗战到底，举国一致，不惜牺牲来和倭寇死拼，复兴民族。"这个态度是积极的。

八一三，日本进攻上海的炮声，把蒋介石心中的最后一点疑团打消了。上海、南京是国民党政府的根本所在地，是蒋介石等利益集团的财政来源地，又是美国、英国等列强的利益范围，日本对上海的进攻，毫不含糊地表明了日本帝国主义占领全中国的野心。国民政府特别就八一三上海事件发表声明，表示"中国决不放弃领土之任何部分，遇有侵略，惟有实行天赋之自卫权利以应之"。

八一三事变以后，最重要的是国内政治关系的变化，特别是国共关系的变化。西安事变以后，内战停止，国共关系有了好转，但改善国共关系、共同抗日的政治性谈判，却由于国民党的不合作，没有进展。八一三事变的炮声，推动了国共关系的谈判。8月22日，蒋介石终于同意红军改编为八路军、南方红军游击队改编为新四军，以及在国民党统治区设立中共代表团和八路军办事处并出版《新华日报》。9月22日，国民党中央通讯社播发《中国共产党为公布国共合作宣言》的政治文件，宣布中国共产党"当此国难极端严重民族生命存亡绝续之时，我们为着挽救祖国的危亡，在和平统一团结御侮的基础上，已经与中国国民党获得了谅解，而共赴国难了"。第二天，蒋介石就此发表谈话，指出"此次中国共产党发表之宣言，即为民族意识胜过一切之例证"，"在此存亡危急之秋，更不应计较过去之一切，而当使全国国民彻底更始，力谋团结，以共保国家之生命与生存"。蒋介石的谈话，实际上承认了中国共产党在国家政治生活中的应有地位。在敌军深入国土、民族危亡之际，国共两党在全力抵抗日本侵略这一点上取得了共识，在此基础上形成了新的政治合作。

国共合作，大大改善了国内的政治环境。宋庆龄、邹韬奋都著文拥护国共合作的实现，认为此系保证抗战胜利的最重要的条件，是对日本帝国主义的重大打击。国内各爱国党派也都拥护蒋介石联共抗日。国民党内长期不和的各政治派系，也在共同对抗民族敌人的大前提下走向团结和统一，中国实现全面抗战的政治基础开始形成了。

◎ 日军在华北、华东的进攻态势　南京大屠杀

日军在平津得手以后，集中兵力进行了华北会战和淞沪会战。华北方面，日军计划沿平汉铁路（北平到汉口的铁路线）和津浦铁路（天津到浦口的铁路线）进攻，以平汉线为主要战场。1937 年 9 月，日军占领山西大同、河北保定，10 月占领河北石家庄、山东德县（今德州），11 月攻占河南安阳，12月占领山东济南。

淞沪方面，日军自 8 月 13 日在上海发动进攻以来，遇到了中国军队的顽强抵抗，连续多次向上海增兵，到 10 月初，侵华的主战场从华北移到了华东。到 11 月下旬，日军先后投

入到上海一线的海军陆战队和陆军部队共有十四个师，约 28 万人。中国参战部队共有六个集团军，约 70 万人。中国军队在抵抗初期得手，日军颇为不利，但日军陆续增加兵力后，中国军队渐渐处境困难。尽管如此，中国军队广大官兵发扬爱国主义精神，同仇敌忾，以劣势装备对抗用现代化武器装备起来的日本海、陆军，坚持了三个月之久，毙伤日军 4 万多人，粉碎了日军速战速决、吞并中国的美梦，不仅为国家转入战时体制赢得了时间，也提高了中国抗战在国际上的威信。团副谢晋元率"八百壮士"在闸北四行仓库坚守四天四夜，打退敌人六次围攻，是中国军人抗战精神的典范。但是，从军事战略上考虑，70 万人拥挤在淞沪狭小地区，与敌军作阵地战，拼消耗，我军在优势敌人面前，处于被动挨打的局面，显然是战略决策上的失误。11 月 12 日，上海被日军攻陷。接着，上海附近的常熟、苏州、嘉兴等战略要地亦相继被日军占领。这样，中国首都南京就成为日军直接攻击的目标。

▲日军占领苏州平门

11 月中旬，国民政府决定迁都重庆，并作出保卫南京的部署。但是防守南京的 10 余万部队都是从上海前线撤退下来的，根本没有时间进行休整，在日军水、陆军大力追击之下，抵挡不住敌军的攻势。12 月 12 日晚，南京卫戍司令长官唐生智下令部队突围，突围中，各军缺乏统一指挥，秩序混乱，死伤惨重。13 日，日军占领南京，中国首都陷落。这是中国近代史上首都第三次也是最后一次被外国军队占领（1860 年 10 月英法联军占领北京是第一次，1900 年 8 月八国联军占领北京是第二次，此次日军占领南京是第三次）。

日军占领南京后，从 12 月 13 日到 1938 年二三月间，尤其是占领南京后的六周内，在华中方面军司令官松井石根的指挥下，华中方面军第十集团军司令官柳川平助所部第 6 师团师团长谷寿夫等在南京市内及其周围地区，对已经放下武器的中国军人与和平居民，对南京市的商业区和古老街道，对南京市的文化设施等等，进行了旷古未闻的、惨绝人寰的、灭绝人性的大屠杀、大焚毁、大破坏。这一事件，以"南京大屠杀"的名称闻名于全世界。根据战后远东军事法庭和中国国防部军事法庭在 1947 年作出的审判，根据国内外历史学者在研究南京大屠杀时所收集的大量史料，南京大屠杀时期被日军屠杀的中国人总数超过了 30 万人。这里有三个数据：（一）放下武器的士兵与和平居民被集体屠杀者，千人以上的共 10 起，其中一次最少的 1000 人，最多的一次 5.7 万人，10 起共 19.5 万人；另据可靠资料统计，被零散屠杀的有 870 起，其中，一次少的数人，多的数百人，经过计算，共有 77260 人，两项合计 272260 人。没有资料根据的被杀人数无法统计。（二）从掩埋尸体的情况统计：南京慈善团体收尸 18.5 万具，私人收尸掩埋 3.6 万具，伪政权收尸 7400 具，日军焚尸灭迹 15 万具，四项合计 39.84 万具，扣除日军焚尸灭迹一项中的可能存在的重复统计现象，也应在 30 万具以上。（三）根据美国国家档案馆所藏日本外交文件，1938 年 1 月 17 日，日本外务大臣广田弘毅致电日本驻华盛顿使馆通报说："据可靠的目睹者直接计算及可信度极高的一些人的来函，提供充分的证明，日军的所作所为及其继续暴行的手段"，使南京"不少于 30 万的中国平民遭杀戮，很多是极其残暴血腥的屠杀"。

▲日本《东京日日新闻》刊载的南京大屠杀中两名日军军官举行杀人比赛的报道

杀人盈城，杀人盈野。正如军事法庭审判战犯谷寿夫的判决书所说，南京大屠杀"是无事不可杀，无人不可杀，无地不可杀，无术不可杀，诚近代文明史上之耻辱"。南京大屠杀是日本军国主义制造的永远也洗不掉的历史丑行。

大屠杀只是日军在南京的暴行之一。据远东国际法庭的审判结论，以及当时在南京的许多外国人（包括外交官、新闻记者、企业家、传教士、医生等）的记载，日军在南京的另一巨大罪行是对中国妇女的强奸，有人估计不下 2 万次。一个日本士兵当时写给国内朋友的信中说，他与其他士兵在室内强奸了一些妇女后，走到街上，看到"整整一条街，到处都是被我官兵追得哭爹喊妈的光身子女人，地面上倒着死去的男人，六个士兵正折腾一个中国少女，一个军官把面前反抗的女人肚子划开，掏出里面拳头大的孩子"。曾在金陵大学教书的一位外国教授在书中写道："中国人家里的所有女人都被奸淫了，如有抗拒就吃刺刀，即使老至 60 岁、幼至 11 岁的女人，无一幸免。这些女人都在南京 12 月阳光之下，被剥得赤裸裸地公开干。有的四肢被割断了。远听门户洞开的屋里传来女人的惨叫声，令人毛骨悚然。"一个日本随军记者记下了一个日本士兵的话，他说："没有不强奸的士兵。大部分强奸完了就杀掉。往往是强奸完后一撒手，女人就逃跑，便从后面向女的开枪。"据南京市档案馆藏战后南京市政府的一份调查材料，南京女性死亡者有 65902 人，其中绝大部分是先奸后杀者；南京市崇善堂一家就掩埋女尸 2000 余具。

日军在南京的暴行，罄竹难书。当时在南京的德国人向国内报告说：日军在南京的大屠杀"是整个陆军即日军本身的残暴和犯罪行为"，"日军在南京的所作所为为自己竖立了耻辱的纪念碑"。一个外国人在给朋友的信中写道，日军"以不可想象的野蛮残酷的暴行，加诸他们公告世界专程来亲善的中国人民。日军在南京的暴行，毫无疑义是现代史上最黑暗的一页"。日军在南京的大屠杀表明，日本军国主义是人类的蟊贼、文明的公敌。

南京大屠杀，是日本军国主义继甲午战争中在旅顺大屠杀以后，对中国人民、对整个人类犯下的又一桩不可饶恕的罪行，也是日本民族的耻辱。今天建立在南京的侵华日军南京大屠杀遇难同胞纪念馆，以及在 15 处大屠杀现场竖立的纪念碑，正在年复一年地向历史、向我们的后人、向整个人类叙说着、控诉着日本军国主义这一亘古未见的罪行！

八路军出师抗日前线　平型关大捷

1937年8月25日，中共中央宣布红军改编命令，将西北红军改编为国民革命军第八路军，朱德、彭德怀为八路军总指挥部正副总指挥，叶剑英、左权为正副参谋长，任弼时、邓小平为八路军总政治部正副主任。八路军下辖三个师：林彪、聂荣臻任115师正副师长，贺龙、萧克任120师正副师长，刘伯承、徐向前任129师正副师长。

日军沿平汉铁路、津浦铁路进攻的同时，山西也成为日军进攻的重要战场。八路军改编尚未完成，即准备出师抗日前线。8月22日，八路军115师在陕西三原誓师出征。9月3日，120师从陕西富平县庄里镇出发。9月6日，朱德率八路军总部从陕西泾阳县云阳镇出发东进太原。129师也于9月30日从庄里镇誓师东进。9月11日，按照国民政府军事委员会命令，八路军编入第二战区战斗序列，并改称为第十八集团军。

八路军的作战方针，根据中共中央和毛泽东的指示，在总的战略方针下，实行独立自主的山地游击战。朱德、周恩来、叶剑英根据这一指示，先后与蒋介石、阎锡山等人进行反复交涉，并达成协议。所谓独立自主的山地游击战，就是在总的战略规定下，八路军有依照情况使用兵力的自由，有发动群众创造根据地、组织义勇军的自由，地方政权和友军不得干涉；八

▲八路军在举行抗日誓师大会

路军集中使用、不得分割，灵活机动地执行战略原则，坚持依靠山地和不打硬仗的原则，执行侧面作战，担任协助友军、钳制日军并消灭一部的任务。

9月，日军华北方面军第5师团在师团长板垣征四郎率领下，于占领大同以后，旋即占领山西东北内长城各关隘。第二战区司令长官阎锡山决定在内长城雁门关、平型关、神池一带抵御敌人，意图利用长城天险阻止敌人进入山西腹地。为了配合实现总的战略部署，八路军总部命令贺龙的120师进至雁门关以西之神池地区，侧击由大同南犯之敌，命令林彪的115师进至平型关以西的大营镇，侧击平型关之敌。

平型关是晋北重要交通关口，位于五台山和太行山交汇处，敌人如果跨越平型关，就可以较为顺利地进入山西腹地。平型关以东是连绵群山，一线谷道自东北向西南逶迤其中，两侧高地便于隐蔽。115师在师长林彪和副师长聂荣臻率领下，周密勘查地形后，在平型关东北关沟和东河南村约 13 公里高地两侧埋伏。9 月 25 日拂晓，日军第 5 师团一部千余人，分乘百余辆汽车，带着大批辎重，从灵丘出发，沿灵丘、平型关公路自东向西进发，7 时许进入 115 师伏击区域。115 师埋伏部队发起攻击，日军惊慌失措。我军封锁公路，分割包围，痛歼敌军。战斗至黄昏，共毙敌 500 余人，击毁敌人汽车、马车各 70 辆，缴获大批枪支弹药。

▲ 在山西省平型关设伏的 115 师机枪阵地

　　平型关大捷是八路军出师抗日前线后取得的第一个大胜仗，也是抗战以来中国军队取得的第一个大胜仗。在日军向我全面进攻，并且取得节节胜利的形势下，平型关一仗大胜，打破了"皇军"不可战胜的神话，打击了日寇侵略的疯狂气焰，使得侵入我国土的日寇知道，中国人不是那么轻易可以击倒的，中华民族的抵抗精神永远不会泯灭。当国民党军队面对日寇侵略节节败退、国内人民情绪低落的时候，八路军在抗日前线一仗大捷，大大振奋了全国军民的士气，使国内外人士看到了中华民族的希望所在，同时也大大提高了共产党和八路军的威信。蒋介石给朱德、彭德怀的贺电说："25 日一战，歼敌如麻，足证官兵用命，深堪嘉慰。"上海市职业界救亡协会致电八路军说："贵军受命抗敌，立奏奇功，挽西线垂危之局，破日寇方长之焰。捷报传来，万众欢腾。"全国各界给共产党、八路军发来的贺电、贺信达百余件之多。

阎锡山受到平型关大捷的激励，组织了山西抗战，但是，由于国民党军事委员会集中兵力于上海，未能给山西以必要的支援。11 月上旬，太原失守。

正面战场作战 台儿庄大捷

1937 年内，日军在华北战场和华东战场步步推进。下一步的战略目标，就是集中兵力打通津浦铁路沿线，占领华中和徐州一带，把日军在华北和华东、华中的势力连接起来。

1938 年 1 月下旬，日华中方面军第 13 师团从南京以北的滁州、全椒地区出发，向北进攻，占领安徽的蚌埠、怀远，控制了淮河沿线，造成了从南线威胁徐州之势。与此同时，日华北方面军第二军出兵山东，占领曲阜、济宁，其第 5 师团沿胶济铁路前进，占领青岛等胶东各要地，形成了从北线威胁徐州之势。针对日军的战略企图，我国军事方面做了必要的准备。蒋介石在开封、洛阳连续召开军事会议，处分了几十名作战不力、延误战机的将领，尤其是处决了违抗军令、临阵脱逃的山东省主席、第三集团军总司令韩复榘，整肃了军纪。第五战区司令长官李宗仁调集四个军九个师 8 万多军队，在津浦路西线隐蔽待机，北线中国军队也作了部署。围绕徐州的争夺，中日两国军队摆开了大战的姿态。

徐州是江苏省西北部的重要城市，地处黄河、淮河之间，津浦、陇海两铁路交会于此，扼山东、河北、江苏、安徽四省咽喉，屏蔽华中腹地，历来是兵家必争的战略要地。徐州东北 30 公里的台儿庄，位于大运河北岸，有铁路支线北连津浦路，南接陇海路，是徐州北面的门户，战略地位重要。中国第五战区为了保卫徐州，在台儿庄、韩庄布置了强大阵地。日军华北方面军在认定扫清了华北我军势力后，遂大举沿津浦路南下，计划占领临沂、台儿庄，会师徐州。日军华北方面军第二集团军派出第5师团、第10师团分别沿胶济铁路、津浦铁路南下。3月10日，第5师团在飞机大炮掩护下，向临沂发动进攻，我第五十九军增援部队奋起反击。经过3月中旬三天激战，抵挡住了日军的进攻，敌我双方各伤亡3000人。3月下旬，日军第5师团加强力量再次向临沂发起进攻，我五十九军顽强反攻，给予敌人重大杀伤，再次挫败敌人进攻，终于取得临沂保卫战的胜利，粉碎了敌军第5师团、第10师团会师临沂的计划。

日军第10师团濑谷支队沿津浦路南下，于3月中旬向滕县发动进攻，拉开了台儿庄战役的序幕。我军驻守滕县的是第五战区川军第四十一军122师，该部在师长王铭章率领下，死力据守滕县，日军攻入西城，守军与敌展开巷战，血战三天，3000官兵壮烈牺牲，滕县失陷。临沂和滕县的作战，为台儿庄战役的胜利展开赢得了准备的时间。

在滕县得手的日军濑谷支队冒险南下，锋芒指向台儿庄。中国第五战区在李宗仁的主持下，以孙连仲第二集团军的三个师防守台儿庄正面阵地，同时加强了运河南岸和台儿庄侧背的防御。蒋介石又派副总参谋长白崇禧前来徐州，协助李宗仁指挥。周恩来向李宗仁建议，当日军孤军深入，应利用台儿庄一带良好地形，同日军打一大仗，给予敌人以沉重打击。周恩来还告诉李宗仁和白崇禧，北面有八路军在战略上配合，南面有新四军第四支队在辽阔的淮河流域以运动战为主、游击战为辅的方式协助国民党军队作战，牵制南面日军使之不能北上支援。广西军是有战斗力的，如果在徐州以北采用阵地战和运动战相结合的方针，守点打援，是可以各个击破敌人的。

　　守卫台儿庄城寨的是第二集团军 31 师池峰城部 8000 人。3 月 23 日起，日军濑谷支队在飞机、坦克、大炮支持下，向台儿庄进攻，守军连连击退日军，给予敌人以重挫。30 日，日军一部攻入台儿庄东半部。4 月 3 日，日军占领台儿庄大半部，守军池峰城师所部与敌人展开街垒争夺战，连日苦战，牺牲十之七八，仍据守城西北一角。此时，在台儿庄外围阵地，中国军队连连击败日军，阻遏住了日军增援台儿庄的企图。4 月 6 日，日军在台儿庄城内伤亡逾万，再也难以坚持下去，守军乘日军撤退发起反攻，全歼城内之敌。战役持续了半个月，中国军队终于取得了台儿庄战役的重大胜利。

▲台儿庄中国守军

　　台儿庄战役是抗日战场取得的又一次重大胜利，再次粉碎了日本"皇军"不可战胜的神话，给全国军民极大鼓舞。这再次证明，只要有坚决抗战的意志，运用正确的战略战术，加强战区各部分抗日武装的战略配合和战役支援，在中国自己的土地上，弱势军队是可以战胜强大的日本侵略者的。

日军在台儿庄作战失利，便调集华北方面军五个半师团、华中方面军两个半师团的集中兵力，从南北两面形成合围徐州之势，决心打通津浦线南段，在战略上形成进攻武汉的态势。4月中旬，日军以华北方面军为主，以华中方面军配合，展开了对徐州的大规模进攻，企图在徐州附近围歼中国主力。中国军队未能在取得台儿庄胜利后及时调集大军扩大战果，徐州周围中国守军虽然经过艰苦抵抗，仍难以取得胜利。国民政府军事委员会决定从徐州地区突围，以图保存实力。5月16日，第五战区下达突围命令，我军从徐州西南突出重围。

在攻占徐州的同时，日军统帅部作出了攻占武汉和广州的战略决策，他们认为，只要攻占汉口和广州，就能够统治中国。日军调整了华中派遣军的作战序列，集中了十六个师团的兵力，以畑俊六为司令官。日军从北、东、南对武汉形成包围作战态势，占领武汉外围的安庆、信阳、九江等地，10月，已对武汉三镇实施了直接包围。国民政府再固守武汉已无意义，于10月24日下令放弃武汉。在此前，日军已于10月21日占领广州。

1938年10月，广州、武汉的失守，结束了中国抗日战争的战略防御阶段。中国虽然失去了大量土地，军队也遭到重大损失，但是，中国军队的主力尚存在，中国人民的抗战士气仍坚定。而日本宣称通过"速战速决""三个月内灭亡中国"，实现其统治全中国的战略目的并未达到，而且，日本在战争中已消耗了大量实力，战争已不能随日本统治者的意愿打下去了。此后，中国的抗日战争进入了战略相持阶段。毛泽东在总结这段历史的时候说过："从1937年7月7日卢沟桥事变到

▲日军占领武汉

1938 年 10 月武汉失守这一时期内，国民党政府的对日作战是比较努力的。在这个时期内，日本侵略者的大举进攻和全国人民民族义愤的高涨，使得国民党政府政策的重点还放在反对日本侵略者身上，这样就比较顺利地形成了全国军民抗日战争的高潮，一时出现了生气蓬勃的新气象。"

敌后战场的开辟
八路军、新四军抗战

◎ 华北地区各抗日根据地的创建

1937 年 11 月太原失守以前，八路军先后参加了平型关、忻口、娘子关以及太原各次战役，以八路军特有的山地游击战形式，有力地配合、支持了友军的正面阵地防御作战。太原被日寇攻占以后，国民党军队退出了冀察两省和山西大部分地区，日本侵略者在华北的主要干道和城镇横行无忌。毛泽东当即指出，在华北，以国民党为主体的正规战争已经结束，以共产党为主体的抗日游击战争进入主要地位。根据这一形势，中国共产党向八路军等抗日武装力量提出，进一步发挥独立自主原则，坚持华北游击战争，八路军各部要把大部分力量分散于敌后各地，放手发动民众，建立敌后抗日根据地，打击日寇，扩大自己，振奋士气，影响全国，推动全国全面抗战的新局面。

从敌后抗战的这一积极方针出发，八路军总部决定：115师以一部创建晋察冀边区抗日根据地，师部及 343 旅转移至吕梁山脉，创建晋西南抗日根据地；120 师创建以管涔山脉为依托的晋西北抗日根据地；129 师主力与 115 师 344 旅依托太行、太岳山脉，创建晋冀豫抗日根据地。

1937 年 11 月，115 师政治委员聂荣臻率部进入山西五台山地区，以此为中心建立晋察冀军区，经过一个多月奋战，歼灭了日伪军 2000 人，打退了日伪军 1.5 万人对晋察冀军区的八路围攻。这次胜利，为八路军坚持敌后游击战争，发展和巩固根据地，为反击日伪军围攻的战略、战术取得了经验。在反围攻胜利的基础上，1938 年 1 月 10 日，晋察冀边区召开军、政、民代表大会，民主选举产生晋察冀边区临时行政委员会，统一了边区各级政权机关。宋劭文、聂荣臻等九人为委员，宋劭文为主任委员。经过国民政府正式批准，晋察冀边区政府行使政权职能，成为中华民国统治下的特别区域。这是在敌后建立的第一个抗日民主政权，晋察冀边区是敌后第一个抗日根据地。1938 年 3 月，120 师在晋西北反击日伪军的围攻，歼敌 1500 人，收复宁武、神池等七座县城，奠定了晋西北抗日根据地的基础。120 师另一部进入绥远大青山地区（今内蒙古自治区首府呼和浩特以北），团结并发动蒙、回、汉各民族人民，创立了大青山根据地，晋西北和大青山根据地后来组成晋绥抗日根据地。129 师深入晋东南和冀南、豫北各地，开展抗日游击战争，创立晋冀豫抗日根据地。1938 年 4 月，日军第 108 师团等部 3 万余人向晋东南地区发动"九路围攻"，企图在这一带围歼八路军主力和在该地区的国民党部队。经过 23 天激战，抗日勇士们共歼灭敌军 4000 人，打退敌人的"九路围攻"，收复十八座县城，巩固并扩大了晋冀豫抗日根据地。1938 年 8—9 月，115 师和 129 师各一部进入冀南、鲁西地区，创建冀鲁边区抗日根据地。

▲120 师 358 旅在绥中、绥西、绥南及察哈尔等地区开展游击战
争，开辟了大青山抗日根据地。

◎ 新四军和华中抗日根据地的创建

根据国共两党谈判达成的协议，1937 年 10 月 12 日，国民
政府军事委员会宣布，将南方红军游击队改编为国民革命军新
编第四军，军长叶挺，副军长项英，参谋长张云逸，下辖四个
支队，属第三战区战斗序列。12 月 25 日，新四军军部在汉口
正式成立，次年 1 月军部移驻南昌，陈毅、张鼎诚、张云逸等
分别担任各支队队长。军部命令江南各游击队到皖南歙县集
结，江北各游击队到湖北黄安七里坪和河南确山县竹沟镇
集结。

南京失守以后，国民党在苏、浙、皖一带的政权机构大部
分垮台。新四军遵照中共中央和毛泽东指示，深入敌人占领地

区的后方，团结各地人民群众，广泛开展游击战争，配合我军主力正面作战。1938 年 4 月，粟裕率新四军先遣支队进入苏南，执行战略侦察任务。6 月，陈毅、张鼎诚分别率新四军第一、第二支队进入苏南，在镇江、句容、金坛、丹阳、江宁、当涂、溧水、高淳一带展开斗争，与敌军作战 200 余次。新四军所到之处，积极宣传统一战线政策，发动群众，建立半政权性质的抗敌总会和抗战动员委员会，初步形成了以茅山为中心的苏南抗日根据地。新四军第四支队于 1938 年 3 月在安徽霍山县会合，随后在江北舒城、桐城、庐江、无为一带扰敌后方，袭击敌人。6 月，日军进攻武汉时，江北国民党官员逃跑一空，新四军第四支队在日军的物资补给线两侧活动，对敌作战数十次，有力牵制了日军的西进，并且使得新四军在皖中一带站稳了脚跟。7 月，新四军第三支队进入皖南，在芜湖、宣城、青阳、大通之间一个狭小地域活动，打击敌人。9 月，彭雪枫率新四军游击支队挺进豫东地区，开辟了豫东抗日游击根据地。在武汉沦陷前后，新四军已从集中时的 1 万人发展到 2.5 万人，为华中根据地的发展奠定了良好的基础。

汪精卫集团叛国投敌　皖南事变

1938 年 10 月，武汉、广州会战结束，中国抗战由战略防御转入战略相持阶段。对中国而言，整个抗战中最艰难的时期到来。中国内部潜伏着的两个危险因素加剧了：一是对日妥协投降的危险，1940 年 3 月南京汪精卫伪"国民政府"的建立标志着投降活动达到高潮；二是国共两党之间的摩擦和局部对抗时有发生，1941 年 1 月的皖南事变，几乎把两党关系引到全面恶化的边缘。两个危险因素都严重威胁着抗日民族统一战线的稳定和生存，中华民族的抗战面临着严峻的考验。

◎ 南京汪精卫伪政权的丑剧

武汉会战结束，日本未能实现速战速决、灭亡中国的战略企图。它的军备和经济都不允许在相当时间内发动更大规模的攻势作战，被迫调整侵华方针。1938 年 11 月 3 日，日本政府发表第二次"近卫声明"，改变所谓"不以国民政府为对手的"的立场，抛出"建设东亚新秩序"的论调，宣称："如果国民政府抛弃以前的一贯政策，更换人事组织，取得新生的成果，参加新秩序的建设，我方并不予以拒绝。"同年 12 月 12 日，日本政府发表第三次"近卫声明"，提出所谓"善邻友好、共同防共、经济提携"三原则。两次"近卫声明",旨在引诱国民政府投降,破坏中国的抗日民族统一战线,其客观效果则是为南京汪伪政权的建立提供了政治上的契机。

自九一八事变以来,国民党内部一直存在着主和的论调。所谓主和,说白了,就是妥协投降的代名词。汪精卫是主和的倡导者和核心人物,他的头脑中始终盘踞着以妥协换取苟安的幻想。早在1937年,汪精卫在《最后关头》一文中说:"中国为什么一步一步地往后退呢?因为中国比较日本进步迟了六七十年,中国的国家力量,不能挡住日本的侵略。"以这样一种前提为基础,汪精卫得出抗战必然招致亡国的悲观论调。他认为:"所谓抵抗,便是能使整个国家、整个民族为抵抗侵略而牺牲","我们必定要强制我们的同胞,一齐的牺牲,不留一个傀儡的种子。无论是通都大镇,还是荒村僻壤,必使人与地俱成灰烬"。汪精卫只看到侵略者的强大,看不到中华民族觉醒所释放出来的巨大能量,看不见蕴藏在广大民众中的伟力,他从极端亡国论迅速转化为妥协投降论。

七七抗战后,国民党内部的主和人物逐渐归拢到汪精卫的旗下,形成一个所谓"低调俱乐部",周佛海、陶希圣、梅思平、高崇武等人是其中的骨干。周佛海在1939年7月回忆说:"我们当时就无形中以汪先生为中心,酝酿和平运动。"1938年初,周佛海、陶希圣等在武汉成立"艺文研究会",公开营造"使政府可战可和"的舆论,与全国的抗战热潮背道而驰。从无形的"低调俱乐部"到公开的"艺文研究会",汪精卫积聚着对日妥协投降的能量。

1938年2月、4月、6月,汪派重要成员、国民政府外交部亚洲司司长高宗武三赴香港,通过他的旧相识、日本驻港间谍西义显取得与日本军部的联系。6月23日,高宗武由港密赴东京，向日本首相近卫文麿、外相有田八郎、陆相板垣征四郎、参谋次长多田骏等高层人物表达和平意向。高宗武的东京之行为汪精卫沟通了与日方上层的联系。11 月中旬，汪精卫派代表高宗武、梅思平与日方代表影佐祯昭、今井武夫在上海虹口重光堂会谈，双方以个人名义签订《日华协议记录》和《日华协议记录谅解事项》，又口头达成《日华秘密协议记录》。这三个文件都是以承认日本的侵华权益为基本内容，虽冠冕堂皇地规定部分侵华日军"自日华实现和平后，立即开始撤退"，但这仅仅是诱使汪精卫集团尽早投降的甜点心。

12 月 8 日，汪精卫从重庆飞抵昆明，第二天又与先期到达的周佛海、陶希圣等人飞往河内。12 月 29 日，为配合日本政府的第三次"近卫声明"，汪精卫在河内发出致国民党中央的《和平建议》，即所谓"艳电"，劝说蒋介石"与日本政府交换诚意，以期恢复和平"。在河内，汪精卫集团组成"最高委员会"，汪精卫、陈公博、周佛海、梅思平、陶希圣、高宗武、曾仲鸣、林柏生等充任"委员"，着手筹备建立伪政权。1939年 5 月，在影佐祯昭等人的护送下，汪精卫一行由河内潜往上海。汪精卫与周佛海等迅速拟定《关于收拾时局的具体办法》，明确提出组建"国民政府"。5 月 31 日，汪精卫同周佛海等飞往东京，与日本高层人物会商。6 月 6 日，日本内阁制定《新中央政府的方针》，正式认可由汪精卫出面组建"新中央政府"。6 月 18 日，汪精卫回国，在上海发表《我对于中日关系之根本观念及前进目标》和《敬告海外侨胞》的讲话，贩卖他的卖国理论。8 月，汪精卫集团在上海打着国民党旗号召开"国民党第六次全国代表大会"。这年底，周佛海代表汪精卫与日方代表影佐祯昭签订《调整中日新关系之协议文件》，详细规定了日本在中国享有的权益。至此，汪精卫集团组建伪政权的准备工作基本就绪。

1940年3月20日，汪精卫集团在南京召开"中央政治会议"，接着举行伪国民政府成立仪式，汪精卫代理主席兼行政院长，陈公博任立法院长，温宗尧任司法院长，梁鸿志任监察院长，王揖唐任考试院长。当晚，汪精卫发表讲话，阐述他的"和平反共建国"政纲。11月30日，汪精卫与日本全权大使阿部信签订《基本关系条例》等一系列公开或秘密文件。同一天，日本、伪满洲国和汪伪中华民国签署《共同宣言》，宣布"互相尊重其主权和领土"。

▲汪精卫（前排中）与伪"国民政府"高官合影。前排左一为日本特务今井武夫，后排右二为陈公博。

随着侵华战争的推进，日本在占领区内贯彻"以华制华"和"以战养战"的政策。为了达到这样的目的，它先后建立起"满洲国""冀东防共自治政府""蒙古军政府""中华民国临时政府""蒙疆联合自治政府"等大小傀儡政权。汪精卫伪政权的建立，将此类活动推至顶点。汪精卫是国民党的元老和主要领导人之一，他的资力比蒋介石还要深。但是汪精卫的叛国行为遭到了中华民族的唾弃。1939 年 1 月 1 日，国民党中央委员会决定永远开除汪精卫党籍，撤销他的一切职务。6 月 8 日，国民政府下令通缉汪精卫。1 月 5 日，中共中央书记处发出《关于汪精卫出走后时局的指示》，号召全国军民"用一切方法打击卖国叛党的汉奸汪精卫，批评他的汉奸理论"。全国各界发起声势浩大的讨汪运动。汪精卫昔日同盟会的战友何香凝斥责汪精卫"民族气节全无，连做人的良心都已丧尽"，一句话道尽四万万同胞心底的义愤。

汪精卫集团叛国投敌，对中华民族的抗战大业是一个严重的威胁。从一方面看，它削弱了中国的抗战力量，有利于日本的侵略；但是从另一方面来看，他使国民党内最大的妥协势力暴露出来，并游离出抗日民族统一战线，使抗战阵营内部的潜在危险因素转化为公开的民族公敌，反而有利于抗战意志的凝聚和抗战队伍的纯洁。声势浩大的讨汪运动显示着爱国热情和人心向背，足以警醒一切想步汪精卫后尘的势力。

◎ 皖南事变

抗战转入相持阶段的时候，整个战局表现为这样一种态势：在正面战场，国民党领导的中国军队虽英勇奋战，但由于国民党执行片面抗战路线，由于其军队的指挥和组织不善，大片国土沦陷。在敌后战场，共产党领导的八路军、新四军和其他抗日武装力量开展广泛的游击战争，建立起一批抗日根据地，到1940 年，八路军、新四军及华南抗日游击队发展到50万人。中国共产党领导的人民力量在抗战中迅速壮大，不仅使侵华日军把作战的重心逐渐转移到敌后战场，也同时引起国民党的疑忌。

1939 年 1 月 21 日至 31 日，国民党在重庆召开第五届中央执行委员会第五次全体会议。会议一方面重申联共抗日，另一方面确定以"限共、防共、溶共"为处理两党关系的基本方针。会后，国民党秘密制定《限制异党活动办法》、《共产党问题处置办法》、《处理异党实施方案》、《防止异党兵运方案》、《运用保甲组织防止异党活动方案》和《沦陷区防范共党活动办法草案》等。国民党的打算是既不公开破裂国共合作、共同抗日的局面，又要在政治上防共、军事上限共，以遏制人民力量的发展。部分国民党军队和地方反共武装不断制造摩擦事件，造成"博山惨案""深县惨案""平江惨案""确山惨案"，其他小摩擦接连不断。

针对国民党制造的反共摩擦，中国共产党一方面强调维护以国共合作为基础的抗日民族统一战线，一方面强调实施坚决的自卫。1939 年 8 月 19 日，中共中央明确提出"人不犯我，我不犯人，人若犯我，我必犯人"的反摩擦方针。

国民党的反共摩擦活动逐步升级，从 1939 年末到 1940 年春，在西北、华北对共产党领导的抗日武装和根据地发动相当规模的攻击。在山西，阎锡山发动"十二月事变"，指挥陈长捷部、赵承绶部、孙楚部向决死队和八路军进攻，企图将决死队和八路军挤出山西。在西北，胡宗南部和国民党地方武装三面围攻陕甘宁边区，先后占据栒邑、淳化、正宁、宁县、镇原等五座县城。在晋冀鲁豫边区，国民党第九十七军朱怀冰部、第六十九军石友三部向八路军 129 师及其他抗日武装发起进攻。

中共中央一面呼吁团结为重，一面指挥抗日军民对来犯的国民党军予以坚决还击，挫败了其在西北和华北之攻势，在政治和军事两方面取得主动，使国民党被迫暂时中止军事进攻。1940 年 3 月，毛泽东在党的高级干部会议上总结反摩擦的经验，提出著名的"有理、有利、有节"的斗争策略。共产党在处理国共摩擦方面已趋成熟。

1940 年夏，为调整国共关系，中共中央派周恩来、叶剑英赴重庆谈判。谈判的中心议题是陕甘宁边区问题，八路军、新四军扩编问题和八路军、新四军作战区域问题。为限制中共力量的发展，蒋介石坚持八路军、新四军必须集中于黄河以北，否则一切问题均无法解决，谈判陷入僵局。

10 月 19 日，国民政府军事委员会参谋总长何应钦、副参谋总长白崇禧致电朱德、彭德怀和叶挺（即皓电），限令八路军、新四军于一月内全部开赴黄河以北的冀察地区。11 月 9 日，中共以朱德、彭德怀、叶挺、项英的名义复电（即佳电），婉拒八路军、新四军全部开赴黄河以北的无理要求，同时为顾全抗战大局，同意新四军驻皖南部队北移，但须宽限时间。12 月 8 日，何、白再电朱、彭、叶、项（即齐电），坚持八路军、新四军必须北调。第二天，蒋介石发布手令，限 12 月 31 日前黄河以南八路军开到黄河以北，长江以南新四军开到长江以北；第二年 1 月 30 日前新四军全部开到黄河以北。

国民党当局一面强令新四军北移，一面布置聚歼新四军驻皖南部队。12 月下旬，第三战区司令长官顾祝同遵照蒋介石的密令，调集七个师 8 万余人的兵力由第三十二集团军总司令上官云相指挥，在皖南茂林一带，对新四军皖南部队，构成重重包围态势。

1941 年 1 月 4 日，新四军军部及直属部队 9000 余人从泾县云岭出发北上，行至茂林地区，突遭国民党军的围追堵截。新四军奋战七昼夜，除 2000 余人突围外，其余大部牺牲，一部被俘。军长叶挺赴国民党军中谈判时被扣，副军长项英、参谋长周子昆遭叛徒杀害，政治部主任袁国平牺牲。1 月 17 日，国民政府军事委员会宣布新四军为叛军，下令取消新四军番号，军长叶挺交军法审判。

皖南事变发生后，中共中央曾经打算在军事上予以坚决还击，并作好国共两党关系破裂的最坏准备，后经过对情势的分析、判断，确定了军事上取守势，政治上取攻势的对策，旨在维系抗日民族统一战线。1 月 18 日，中共中央发言人发表谈话，揭露皖南事变的真相。20 日，中共中央军委发布重建新四军的命令，任命陈毅为代理军长，刘少奇为政治委员。同一天，毛泽东发表谈话，要求惩办祸首，恢复叶挺自由，交还皖南新四军全部人枪，劝告国民党结束一党专政、实行民主政治，释放政治犯，逮捕亲日派首领，交付国法审判。25 日，新四军军部在苏北盐城重新成立，下辖七个师又一个独立旅，共 9 万余人。

与此同时，周恩来、廖承志等在重庆和香港积极活动，把皖南事变的真相公之于国统区和国际社会。1 月 17 日深夜，周恩来题词："为江南死国难者致哀！""千古奇冤，江南一叶，同室操戈，相煎何急？"次日刊登于《新华日报》。廖承志在香港阐述中共于事变后坚持抗战、坚持团结的方针，呼吁国际人士共挽危局。

国民党左派人士、各民主党派和民主人士、海外华侨纷纷谴责国民党当局的行径，呼吁停止内争，枪口对外。国际方面，美、英、苏均不愿国共两党关系破裂，希望中国能抗战到底。美国总统罗斯福的代表居里、苏联驻华大使潘友新、英国驻华大使卡尔分别劝说蒋介石平息国共纠纷，避免内战发生，以免日本坐收渔翁之利。

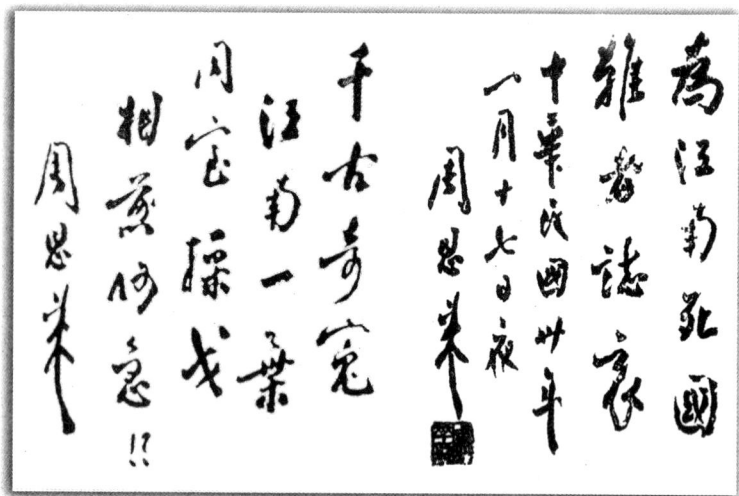

▲周恩来为皖南事变发表挽诗

局势的发展完全出乎国民党当局的意料，使其在政治上陷于被动、孤立的困境。2月，第二届国民参政会召开在即，国民党当局为寻求政治上的回旋余地，力邀中共参政员出席。中共遂送上"善后办法十二条"作为中共参政员出席参政会的先决条件。3月2日，周恩来又提出"临时解决办法十二条"，但国民党方面均拒绝接受，中共参政员于是谢绝出席参政会。3月8日，蒋介石在参政会上发表演说，表示"决不忍再见所谓'剿共'的军事"，保证"以后亦决无'剿共'的军事"。3月14日，蒋介石约周恩来面谈，不再提及八路军、新四军开赴黄河以北的事情，并表示可就两党关系举行具体磋商。皖南事变以来，笼罩于国共两党间的紧张、对峙氛围终于缓和下来。

整个抗战时期，中国的基本矛盾是中日之间的民族矛盾，国内的阶级矛盾处于从属地位。一个民族敌人深入国土这一基本事实，起着决定一切的作用。国民党在抗日与反共间动摇，但二者在根本上是无法兼得的。为了赢得抗战的胜利，为了赢得民众的信任与支持，国民党当局就必须把反共摩擦限制在局部范围内，就必须在整体上维持以国共合作为基础的抗日民族统一战线。中国共产党领导的人民力量的壮大，是在与侵略者进行艰苦斗争中的壮大，而不是所谓"坐大"，这种壮大扎根于深厚的民众基础中，决不是可以从外部"摩擦"去的。国共两党分别代表着不同的阶级利益，但他们都是中华民族的组成部分，在大敌当前的情况下，他们首先必须联合起来保障民族的生存，否则中华民族这棵大树让人砍倒了，树上的枝叶也必将枯萎。所以在抗战过程中，尽管两党冲突碰撞不断，屡有破裂的危局，但危局又被克服，抗日民族统一战线得以屹立不倒。

珍珠港事变
中国与同盟国共同对日作战

　　中国的抗日战争是世界反法西斯战争的重要组成部分。抗战八年，前四年半中国在远东地区独立承担反抗日本法西斯的艰苦任务，及至欧洲战争、太平洋战争爆发，中国与美、英诸国结成反法西斯同盟，由此开创与同盟国共同对日作战的局面。

　　1940 年，德国在欧洲战场横扫一切的"辉煌"战绩，强烈刺激着日本的侵略胃口。日本政府迅速调整欧战爆发之初的"不介入"方针，这一年的 9 月 27 日，日本驻德大使来栖与德国外长里宾特洛甫、意大利外长齐亚诺在柏林签订三国同盟条约。三国结盟缓解了日本在国际上极度孤立的窘境，为其策动新侵略增强了信心。

　　对于新侵略的战略方向，日本内阁和军方考虑有北进和南进两套方案。北进，就是攻击苏联的远东地区；南进，就是攻击太平洋地区的美、英势力范围。1941 年 6 月苏德战争爆发，日本高层一度倾向于北进，妄图与德国从东、西两面夹击苏联。8 月，鉴于德军在一定时期内无法给予苏军彻底打击，而且苏联在远东布置着二十多个师的兵力，日本即放下北进念头，掉转身来专注于南进。太平洋地区丰富的战略物资对于资源匮乏的日本来说始终是诱人的胡萝卜，同时南进不仅意味着夺取美、英、荷在太平洋地区的殖民地，还可以从外围切断中国的国际补给线，从而为所谓"解决中国事变"寻找新出路。9月6日，御前会议批准近卫内阁拟定的《帝国国策实施要领》，决心不惜与美、英、荷等开战。10月18日，主战的狂热分子东条英机组阁，加快南进的准备工作。11月1日，内阁和大本营联席会议制定《帝国国策实施要领》，宣称"帝国为打开目前危局，完成自存自卫态势以建设大东亚新秩序而决心对美、英、荷开战"，四天后这个文件得到御前会议批准。11月上旬，南方军组成，寺内寿一上将出任总司令，下辖四个军、一个师团和两个飞行集团。至11月底，日军完成在太平洋地区的作战部署，陆、海军到达预定地区和海域待命。

　　日本侵略中国和它的南进战略态势，就是要把美、英的势力挤出远东地区，建立由它独霸的"大东亚共荣圈"。对于这一点，美、英心中是有数的，它们逐渐加强援华力量，希望中国坚持抗战，滞缓日本南进的步伐。1940年11月底，美国总统罗斯福宣布将贷款1亿美元给中国；1941年5月，《租借法》正式对中国实施，价值110万美元的首批租借物资启运中国；1941年8月，美国志愿航空队宣布正式成立，为中国提供空中支援。与此同时，英国也调整其远东政策，1940年10月，宣布重新开放关闭了三个月之久的滇缅公路，12月又宣布贷款1000万英镑给中国。

　　但是德国在欧洲大陆的疯狂攻势给予美、英极大的压力，它们不情愿在东、西两条战线同时与日、德两国作战，执行一种"欧洲第一，大西洋第一"的战略，因此它们幻想与日本在一定的条件下达成妥协，以换取远东地区的苟安，从而集中力量打击德国。从1941年3月到12月珍珠港事变前夕，美、日在华盛顿开展谈判，在谈判过程中美国曾经试图牺牲中国利益，与日本达成妥协，几乎同意了促使重庆国民政府与汪精卫政权合并、承认"满洲国"等条件。但是中国抗战如果失败，美国将承担彻底失去在远东利益的巨大风险，所以美国最终选择了强硬政策。11 月 26 日，美国国务卿赫尔向日本大使野村吉三郎和特使来栖三郎递交备忘录，要求日本无条件从中国和法属印支撤军，不承认"满洲国"和汪精卫政权，日本放弃在华特权，放弃三国同盟。谈判至此实际上已经破裂，不过日本方面为麻痹美国而未中止谈判，美国方面为争取作战的准备时间也没有从谈判桌上退席。

1941 年 12 月 8 日凌晨，日本海军偷袭美国在太平洋上的最大海军基地珍珠港，重创美国海军的太平洋舰队。同一天，日本正式向美、英等国宣战，美、英随即对日宣战，太平洋战争全面爆发。在偷袭珍珠港的同时，日本南方军与海军联合舰队配合，对东南亚和西太平洋地区的美、英军队展开全面进攻。从 1941 年 12 月到 1942 年 5 月，日军占领了西太平洋和南中国海的几乎所有美、英海军基地，控制着 386 万平方公里的广大地域。

就在珍珠港事变发生的当天，蒋介石向美、英、苏等国驻华大使表示愿与友邦协同作战。1941 年 12 月 9 日，中国向日、德、意宣战。同一天，中国共产党发表宣言，主张"中国与英美及其他抗日诸友邦缔结军事同盟，实行配合作战，同时建立太平洋一切抗日民族的统一战线，坚持抗日战争至完全的胜利"。对于中国方面的提议，美、英持赞成和欢迎态度，苏联方面表示要首先击败德国，然后才能准备对日作战。12 月 22日至 1942 年 1 月 14 日，美、英首脑在华盛顿举行代号为"阿卡迪亚"的会议，商讨在全球范围内反法西斯战争的战略问

▲珍珠港事变

题。会议期间，美国提出成立盟军中国战区的设想。1942 年 1 月 1 日，美、英、苏、中等二十六国代表在华盛顿签署《联合国家宣言》，规定与盟诸国应尽其兵力和资源打击共同的敌人，且不得与任何敌人单独媾和。这个宣言标志着国际反法西斯统一战线形成。中国成为四个领衔国之一，标志着中国是世界反法西斯战线的重要组成部分。1 月 3 日，同盟国正式宣布成立包括泰国和越南在内的中国战区，由蒋介石任陆、空军最高统帅。应蒋介石的要求，美国派史迪威中将担任中国战区参谋长。

　　从太平洋战争爆发到中国战区的成立，中国战场与太平洋战场联为一个整体，构成对日作战的两个支撑点，两个战场互相呼应，使日军不能兼顾。1942 年初，日军入侵缅甸，旨在打击驻缅印军、进逼印度和切断中国的补给线，中国派精锐之

师第六军、第五军、第六十六军组成远征军赴缅作战。由于盟
军指挥系统混乱，英军配合不力，至 5 月初盟军失败。但中国
远征军作战英勇，200 师师长戴安澜殉国，新 38 师不顾自身安
危，将 7000 英军和 500 余西方传教士和新闻记者从日军的重
围中救出，在世界反法西斯战争史上写下了极为壮烈的一笔。
1942 年 4 月，日本大本营拟定"5 号作战"计划，准备在 1943
年春，分南北两路夹击重庆、成都及四川其他要地，从而迫使
重庆国民政府投降。但是太平洋战场局势的发展却不容日本此
项计划实施。

▲中途岛战役

6 月，美军在中途岛重创日本海军，击沉日本航空母舰四
艘，击落日机 300 余架；8 月至 10 月，美军取得瓜达尔卡纳尔
岛之战的胜利。两战之后，日本在太平洋战场丧失战略主动
权，被迫转入战略防御。在这样的情况下，原定从南方抽调作
战部队到中国战场的设想落空，所谓"5 号作战"只得取消。

上述两个例子具体地说明中国与盟国共同对日作战是一种互相合作、互相支持的关系。

从七七事变到珍珠港事变，从珍珠港事变到日本宣布无条件投降，中国抗战呈现不同特点，前一阶段是中国单独对日作战，后一阶段是中国与盟国共同对日作战。历史本来是清晰的，但有人要故意把它搅成一潭浑水。从战后到现在，日本朝野均存在一种观念，即认为日本没有败给中国，日本的失败是因为在太平洋战场上不敌美国，是因为苏联摧毁了 70 万关东军，是因为在广岛、长崎上空炸响的两颗原子弹。这种抹杀中国八年抗战的错误观念，最终为否认日本侵华论服务。中国抗战到底在整个反日本法西斯战争中处于怎样的地位，起到怎样的作用，澄清这个问题还须从中国抗战与太平洋战争的关系开始。

从历史发展的轨迹看，太平洋战争是中日战争的延续和扩大。中国四年半的单独对日作战，粉碎了日本军国主义迅速灭亡中国的梦想，使它陷入希望渺茫的持久战。日本发动太平洋战争，一个主要目的就是要为中国战场上的僵局寻求新的出路，从而彻底解决所谓"中国事变"。美、英在处理对日关系上从妥协谈判走向全面战争，一个主要的原因就是中国的持久抗战，让它们看到了维护远东格局的希望，让它们看到了中国在对日作战中的重要作用。正是中国长达四年半的独立抗战，迫使日本走向一条战争赌博的不归路。

太平洋战争爆发后，中国与盟国共同对日作战，使中国抗战的外部环境发生了变化，太平洋战场与中国战场构成对日作战的两个支撑点。两点之间互相合作、互相支持，这种合作和支持是双向的，盟国在太平洋上的作战减轻了中国的压力，同样，中国的抗战也减轻了盟国在太平洋战场上的压力。罗斯福在 1942 年说了一段发人深思的话:"假如没有中国,假如中国被打垮了,你想一想,那会有多少日本兵脱身出来?他们可以调到其他方面去作战,他们会像摘熟梅子一样,轻而易举地打下澳洲,打下印度,然后长驱直入,直捣中东……"日本宣布投降后,在中国战区受降的日军有 128 万多人,如果这 128 万多日军全部压向太平洋战场,想想将是一种什么样的后果呢?

在 1941 年底至 1942 年初召开的阿卡迪亚会议上,美、英两国首脑定下"先欧后亚"的战略,决定以德国为主要打击对象,这一方针的确立,就意味着美、英在太平洋地区不可能投入太多的力量。所以太平洋战争爆发后,中国依然是对日作战的主要力量,中国战场依然是东方反法西斯战场的主战场。从七七抗战到 1945 年,日本历年投入到中国关内战场上的陆军,最多的年份占其总编制的 90%,最少的一年占 35%,八年中平均每年占 76.4%。从九一八事变到 1945 年,日军出国作战共损失 287.4 万人,其中 198.4 万人死于中国战场,89 万余人死于太平洋战场。以上两组数据清楚地说明中国抗战在整个反日本法西斯战争中的分量。

中国与盟国共同对日作战,中国从盟国得到各种援助,并没有改变中国人民依靠自己的力量坚持抗战,最后取得完全胜利这样的基本事实。整个抗战期间,中国获得的外援主要来自美、苏两国。苏联的援助主要在抗战前期,其总价值约 1.7 亿美元;美援是整个抗战期间中国得到的最大外援,总价值约 8.4 亿美元。而在整个抗战期间,中国战争消耗 400 多亿美元。中国抗战的胜利离不开盟国的配合和援助,但主要是中国人民依靠自己的力量取得的。

百 团 大 战

　　百团大战是整个抗战过程中一场具有特色的战役。第一，它是发动于敌后的大规模作战，使日军有挖心之痛；第二，它基本上是由中国共产党领导的抗日武装独立完成的，展现了中共抗战方略的生命力。从 1940 年 8 月 20 日到 1941 年 1 月 24 日，八路军以晋察冀军区部队、129 师、120 师为主在华北主动作战，破袭交通线，打击交通线附近的日、伪军。战役发起的第三天，参战的八路军即达 105 个团之多，所以称作百团大战。

　　百团大战不是一场单纯的军事行动，它具有政略上的大背景。1940 年上半年，德军横扫北欧和西欧，丹麦、荷兰、比利时沦丧在它的铁蹄下，6 月 22 日，法国也俯首投降。欧洲战局的演变极大地兴奋着日本的战争中枢，日本高层定下南进方针，急于跳向太平洋地区。日本为准备南进，就必须早日结束中日间泥泞般的战局，让胶着在中国战场上的 85 万日军脱身。为达到这样的目的，日本一面在 3 月 30 日扶持汪精卫傀儡政府成立，一面对重庆国民政府软硬兼施，迫其屈服。6 月 24 日，日军占领宜昌，作出威胁重庆的态势，从 5 月 18 日至 9 月 4 日，日军对重庆、成都等地进行持续轰炸。与此同时，对蒋介石诱和的"桐工作"正在加紧进行。国民党蓝衣社香港地区负责人曾广以宋子文之弟"宋子良"的名义，与日方代表今井武夫等人在香港、澳门秘密会谈。7 月 9 日，"宋子良"向日方表示，7 月下旬在长沙举行蒋介石与日本中国派遣军总参谋长板垣征四郎之间的会谈，然后举行蒋介石与汪精卫之间的会谈。中共中央对时局的发展十分担忧，在 7、8 月间判断当前是中国空前投降危险与空前抗战困难的时期。怎样克服投降的危险？在军事上给予日军打击，振奋全国人心就是一项有力的措施。这就是百团大战产生的背景。

从战略上讲，百团大战就是要通过破袭日军的交通线来解除日军对抗战根据地的封锁和分割，为华北地区敌后战场的发展创造有利条件。自 1939 年冬以来，日军华北方面军实施"治安肃正计划"。1940 年春，日军华北方面军担心"华北将成为中共天下"，决心把讨伐重点全面指向八路军。3 月中旬，日军华北方面军召开各兵团参谋长会议，强调"今后的讨伐肃正重点必须集中指向共军，全力以赴，务期将其全歼"，紧接着，日军华北方面军所属十四个师团中约十个师团投入对八路军的讨伐。日军改变以往流动扫荡的战术，而是在大规模扫荡之后，建立以铁路为柱、公路为链、碉堡为锁的"囚笼"，把抗日根据地分割和压缩到最小限度。正太铁路就是这个"囚笼"的支柱，这条铁路东起石家庄，西至太原，全长 230 余公里，连接着平汉、同蒲两条铁路，是日军在华北的战略动脉，沿线驻有华北方面军独立混成第 4 旅团全部及独立混成第 8 团、第 9 旅团各一部。该线横越太行山脉，大部分路段夹于山谷间，多桥梁和涵洞，容易破袭。1940 年春，八路军总部开始酝酿破袭正太铁路，将太行和晋察冀两大根据地连接起来。

百团大战是中共领导的人民抗日武装力量在壮大过程中的对日作战。1937 年 9 月，八路军三个师总兵力约 4.5 万人，到 1939 年底，八路军已拥有正规军约 30 万人，地方武装约 10 万人。同时，晋西北、晋察冀、晋冀鲁豫等抗日根据地也得到了相应的巩固和发展。面对日军华北方面军的扫荡和进逼，八路军有能力和信心进行反击。1940 年 7 月 22 日，八路军总部下达战役准备命令，命令中说："敌寇依据几个交通要道不断向我内地扩大占领区，增多据点，封锁与隔截我各抗日根据地之联系，特别是对晋东南以实现其囚笼政策，这种形势日益严重。又选据各方情报，敌寇有于 8 月间进攻西安的企图。为打击敌之囚笼政策，打破进犯西安之企图，争取华北战局更有利的发展，决定趁目前青纱帐与雨季时节，敌对晋察冀、晋西北及晋东南扫荡较为和缓，正太沿线较为空虚的有利时机，大举破袭正太路。"

▲八路军破坏正太线铁路

8 月 8 日，八路军总部下达《战役行动命令》，具体部署是：晋察冀军区部队主要破击正太铁路石家庄至平定段，对北宁、平汉、津浦、德石、沧石、沧保等路同时破击。129 师及总部炮团一个营主要破击平定至榆次的正太铁路，同时对平汉、同蒲、德石、邯大、白晋、临屯等路破击。120 师主要破击平遥以北的同蒲铁路和汾离公路，同时以有力部队置于阳曲，阻敌向正太铁路增援。

8 月 20 日 20 时，晋察冀军区部队，129 师、120 师在八路军总部的统一指挥下，以正太铁路为主攻方向，对华北地区各主要铁路、公路发动破击战。从 8 月 20 日至 9 月 10 日，为战役第一阶段，由于准备充分，参战部队行动果决，因此较好地完成了作战意图。

晋察冀军区部队组成左、中、右纵队，向正太铁路东段的日军独立混成第 4 旅团、第 8 旅团展开攻击，先后夺取娘子关、井陉矿区等重要据点，并对井陉煤矿的设施进行彻底破坏，使其半年以内无法恢复生产。与此同时，北岳军分区各部队破击了平汉铁路北段及边区周围日伪据点，冀中区军民对平汉、津浦、德石铁路及境内公路实施多次破击，冀东区军民破击了北宁铁路及境内公路。

129 师组成左、右冀破击队和总预备队，对正太铁路西段日军独立混成第 4 旅团、第 9 旅团展开攻击。至 8 月 31 日，正太铁路西段除寿阳、阳泉等少数据点外，均被 129 师控制，广大军民对路轨、桥梁、隧道、车站进行大规模破坏，使正太铁路西段陷入瘫痪状态。在破击过程中，129 师 14 团在狮垴山阻击日军六昼夜，歼敌 400 余人，386 旅与决死队第一纵队配合，将日军第 36 师团一个大队包围，歼其 400 余人。

120 师对同蒲铁路北段及其两侧的主要公路展开大规模破击，先后攻克康家会、阳方口等据点，并一度攻入五寨县城。到 9 月 5 日止，120 师共作战 180 余次，歼日伪军 800 余人，切断了同蒲铁路北段及汾离、太汾等公路。120 师的大规模破击，牵制了日军大量兵力，使日军难以增援正太铁路，有力地配合了晋察冀军区部队、129 师的作战行动。

百团大战第一阶段所取得的战绩极大地鼓舞了全国人民的抗战热情，中共中央亦感乐观，于 9 月 10 日指示：华中和山东方面仿照百团大战先例，组织一次至几次大规模的对敌进攻行动，华北方面"则应扩大百团战役行动到那些尚未遭受打击的敌人方面去，用以缩小敌占区，扩大根据地，打通封锁线，提高战斗力"。根据中共中央的这个指示，八路军总部于 9 月 16 日下达《百团大战第二阶段作战命令》，规定第二阶段的作战任务是继续破击敌交通线，摧毁深入根据地的日伪据点。具体作战部署是：129 师在榆社、辽县地区作战，解除敌对八路军总部的威胁；120 师彻底破击宁武至轩岗段铁路，截断同蒲铁路北段交通；晋察冀军区部队在涞源、灵丘一带作战，以打开边区西北的局面。命令规定 9 月 20 日开始作战。

9 月 23 日，129 师以 385 旅为右翼队，386 旅、决死队第一纵队各两个团为左翼队，向守备榆辽公路的日军独立混成第 4 旅团一部发动攻击。至 25 日，先后攻克沿壁、王景、铺上、小岭底等地和榆社县城。30 日，129 师左、右两翼部队在榆树节一带与 600 余日军遭遇，旋即将其包围。日军在八架飞机的支援下，凭借优势装备死守待援。双方激战两天一夜，由于 129 师参战部队连续作战，过于疲劳，伤亡又较大，在敌援军迫近的情势下主动撤出战斗。

9 月 22 日夜，晋察冀军区部队向涞源县城发动攻击，涞灵战役开始。由于日伪军加强了防备，战斗打得很艰苦，至 10 月 10 日，鉴于日军可能趁军区主力部队远在灵丘一带，而大举扫荡根据地，遂结束涞灵战役。是役持续 18 天，共毙伤日伪军 1000 余人，俘日军 49 人、伪军 237 人。整个战役中尤以东团堡之战最为注目。守备东团堡之敌系日军第 2 混成旅团的一个教导大队，成员为各部选送的士官，战斗素养高，装备精良，有坚固的环形工事为依托。9月22日夜，晋察冀军区3团向东团堡发动进攻，激战至24日，全歼170多人。东团堡战斗充分显示了八路军的英勇顽强，挫伤了日军的士气，日军为此作《大日本皇军驻东团堡井田部队长恨歌》说"万事休唯一自决，烧尽武器化灰烟。烧书烧粮烧自己，决然投死盘火里"，哀叹至三。为策应涞灵战役，冀中军区于10月1日至20日进行了任（丘）河（间）大（城）肃（宁）战役，攻克据点29个，毙伤、俘虏日伪军约1456人。

▲八路军攻克涞源东团堡

120 师于 9 月 14 日向同蒲铁路开进，对该路实施再破击。358 旅、独立第 1 旅在马头营、黄松沟、上庄等地向敌展开猛烈攻击，其中上庄战斗歼敌约 200 人。从 9 月 23 日至 9 月 27 日，120 师破击了朔县至原平之间的数段铁路，使同蒲铁路的交通一度陷入瘫痪状态。

在短短一个多月的时间内，八路军发动两次大规模的攻势，使日军受到很大的震动。为稳固华北各占领区，华北方面军遂集结重兵对各抗日根据地实施报复性扫荡。百团大战随之进入第三阶段，即反扫荡阶段。从 10 月 6 日日军独立混成第 4 旅团、第 36 师团各一部扫荡太行抗日根据地开始，到 1941 年 1 月 24 日侵入晋西北抗日根据地之日军全部撤出止，这次日军扫荡历时 110 余天。八路军克服准备不足、部队因连续作战而相当疲劳等困难，采取灵活多变、内外线结合的游击战，在条件成熟的情况下歼敌之一小部，不断袭击敌之修路和运输部队，使敌无法在根据地内久踞。

百团大战历时五个月，给予华北地区的日伪军沉重打击。根据八路军总部在 1940 年 12 月 10 日公布的战报，从 8 月 20 日至 12 月 5 日，八路军共作战 1824 次，毙伤日军 20645 人、伪军 5155 人，俘虏日军 281 人、伪军 18407 人；破坏铁路 474 公里，公路 1502 公里，桥梁 213 座，火车站 37 个，隧道 11 个，铁轨 21.7 万余条，枕木 154.9 万余根；缴获各类枪械 5942 支，炮 53 门。

这样的战绩是靠八路军和广大根据地人民浴血奋战取得的。八路军的装备相当简陋，而且武器数量严重不足，以步枪为例，在 1940 年约 40 万八路军才拥有步枪 9 万余支，平均每枪有弹约 20 粒，其他武器更是匮乏。而这些有限的轻武器"百分之八十使用过度，来复线已磨平，口径已松"。因此，八路军在与装备优良的日军作战时，往往赢得一个胜利要付出较大的牺牲，在百团大战的前三个半月内，八路军共伤亡1.7万人，中毒2万余人。

百团大战是在中国抗战处于最困难时期的一次大振奋，具有战略和政略上的双重意义。从战略上讲，百团大战牵制了大批日军于敌后战场，并迫使日军从华中抽调部队北上。1941年初，日军将第17、第33师团由华中调赴华北，这样正面战场上中国军队所承受的压力随之减轻。百团大战显示了敌后游击战、运动战的巨大威力，在战略技术上具有示范作用。蒋介石曾下令要求"各战区应以第十八集团军此次在正太、同蒲、平汉各路之游击破坏动作为法则，拟定本年九月起至十二月止之持久计划，加强敌后游击战，专以铁路、公路、水路各交通线与兵站、仓库、飞机场、汽车、汽油机等实施有计划、有组织之长期破坏"。

从政略上看，百团大战意义重大。百团大战捷报频传，振奋了全国人心，鼓舞了全民族的抗战意志。全国民众的抗日热情高涨，对悲观亡国论是一种压力，对潜在的妥协倾向就构成一种威慑。《大公报》《新蜀报》《新华日报》《力报》《新中华报》等全国各报刊都争先对百团大战进行了详细报道和宣传，国民党当局和各战区对百团大战亦表示嘉许。蒋介石亲自向八路军总部发出嘉奖电，称"贵部窥此良机，断然出击，予敌甚大打击，特此嘉奖"。中国共产党领导的人民抗日武装力量在全国的威望迅速提高，种种诬蔑八路军"游而不击"的言论因之失去市场。

百团大战在国际上也引来良好声誉。苏联《红星报》说："华北之中国军队，目前正在山西省进行主动性之作战。第八路军正展开大规模之攻势……中国人民……始终表现高度之民气，对自身力量具有信念。中国人民为自由独立，争取最后胜利而战，依然表现最大之决心而不能动摇。"美国著名记者史沫特莱报道百团大战说："整个华北地区，从晋北山区到东海岸，从南面的黄河到北面的长城，都成了战场，战斗日以继夜，一连厮杀了五个月。一百团人打击了敌人的整个经济、交通线和封锁网，战斗是炽烈而无情的。敌人占有的煤矿、电厂、铁路、桥梁、公路、车辆和电讯都遭到破坏。"中国共产党领导的人民抗日武装力量，用血与火的战斗，在全世界人民面前铸造了中华民族不屈的魂魄。

日军的"三光政策"和细菌战

在战略相持阶段，侵华日军陷入持久战的汪洋之中，既无望彻底征服中国，又不能最大限度地集中力量投入其他亚太地区。为扭转这种战略上的被动态势，日本在政治、军事和经济方面都想尽办法，甚至使用极端野蛮、恐怖、卑劣的"三光政策"和细菌战，以期摧毁中国人民抗战的物质基础和精神意志。

◎ 残暴的"三光政策"

"三光政策"是"杀光、烧光、抢光"的简称，是中国共产党对日军在各根据地实施彻底烧杀抢掠之战术的形象概括。在日军的作战术语中与"三光政策"等同的名词是"烬灭作战""彻底的肃正作战""彻底的扫荡""讨灭作战"等等。日军主要在中共领导的抗日区域内执行"三光政策"，尤其以华北地区各抗日根据地为重点。根据粗略的统计，在抗战八年期间，晋绥根据地、晋察冀根据地、冀热辽根据地、晋冀鲁豫根据地、山东根据地、中原根据地等七个根据地就被杀害318万人，被掳走276万人，被烧毁房舍1952万间，损失粮食1149亿斤、耕畜631万头、猪羊4800万只。这其中大多是日军执行"三光政策"期间所为。

▲陕西省沁源县河西村被日军烧毁后的残迹

从 1940 年下半年到 1943 年上半年，是日军实施"三光政策"的高峰期。百团大战后，日军对中共领导的抗日武装和抗日根据地愈加重视，认为"他们是党、政、军、民结成一体的组织，具有明确的使命观。他们为了实现革命，力图通过争取民众，组织民众，以扩大加强其势力"。日军认定中共领导的抗日武装是鱼，各根据地的民众是水，如果水干了鱼自然无法生存。所以日军要在各根据地杀光、烧光、抢光，目的在于从根本上扼杀中共领导的抗日力量。

从 1938 年底到 1940 年，日军华北方面军对各抗日根据地发动千人次以上规模的扫荡达 109 次之多。在华北方面军司令官多田骏的策划下，"三光政策"逐渐成为日军扫荡的系统战术，多田骏叫它"烬灭作战"。1940 年 4 月，华北方面军制定《华北思想战指导要纲》，在其附属文件中要求"讨伐行动当

▲1942 年河北省阜平县羊和门村房屋被日军全部烧
毁全村化作一片焦土

以重点指向共产匪军，对其游击队作彻底地扫荡覆灭"。1940
年 9 月，日军第一军在扫荡晋中地区时要求"应彻底地对敌根
据地烬灭扫荡，使敌不能于将来生存"。1940 年 10 月、11 月，
日本华北方面军说得更明确："这次作战，与过去完全相异，
乃是在求得完全歼灭八路军及八路军根据地。凡是敌人地域内

的人，不问男女老幼，应全部杀死；所有房屋，应一律烧毁；所有粮秣，其不能搬运的，亦一律烧毁；锅碗要一律打碎，并要一律埋死或下毒。"

在这样一种作战方针的指导下，日军暴行累累。在 1940 年 9 月、10 月、11 月三个月里，辽县、武乡、黎城、涉县的 80% 房舍被烧，不少村庄化为焦土；赵县仅赵家庄一处，就有 2200 余村民被屠杀；易县 2200 间左右房舍被毁，该县常峪沟一带村民 800 余人被屠杀；五台县 20067 间房舍被毁，大小 98 个村庄遭到严重破坏。以上仅是日军暴行的一部分，足见"三光政策"的残酷与暴虐。

进入 1941 年，日军华北方面军为推行所谓"肃正建设三年计划"和"治安强化运动"，加强了"三光政策"的执行。这一年日军进行千人以上规模的扫荡 69 次，而其中 1 万至 7 万人的大规模扫荡就达 9 次。1 月下旬，日军在河北丰润县潘家峪制造了骇人听闻的惨案，村民 1035 人被杀，其中妇女儿童 658 人，房舍 1100 多间被毁。5 月，日军在山西雁北一带屠杀 5300 多人，掳捕 6000 多人，强奸妇女 7680 余人，烧毁村庄 160 个。7 月 7 日，冈村宁次接任华北方面军司令官。冈村宁次调集日伪军 7 万多人，于 8 月 3 日开始对北岳区、晋东北、冀西和平西等抗日根据地实施为期两个月的大扫荡，号称"百万大战"。据粗略统计，此次扫荡期间仅在北岳、平西地区就有 4500 余众死伤，近 2 万青壮年被掳走，15 万余间房舍被烧毁，粮食损失 2899 万余公斤，牲畜损失 3 万余头。1941 年 11 月、12 月，日军再度发动大规模扫荡，仅在山东沂蒙山区，日军就屠杀群众 3500 余人，掳走青壮年近万人，抢掠粮食 80 余万公斤，烧毁根据地内 25% 以上房舍。

1942 年 2 月，日军华北方面军制定《1942 年治安肃正建设计划大纲》，规定以扫荡中国共产党领导的各抗日根据地为主要作战任务，作战的重点又指向冀中、太行、太岳等根据地。这一年日军对华北各抗日根据地进行千人以上规模的扫荡77次，其中万人至5万人的大规模扫荡多达15次。

5月，冈村宁次调集5万多日伪军，陆空配合，对冀中地区发动"五一"大扫荡，企图彻底铲除该根据地内的抗日武装，把它化为"治安区"。日军所到之处，村村冒烟，户户死人。以定县北疃村为例，5月27日，日军在该村进行烧杀抢掠，惨案发生后仅见于地面上的尸体就多达800余具，死于地道内者尚不计入。全村220户中有23户被杀绝，33%以上的主要劳动力被杀或被掳走，全村妇女极少幸免于侮辱，房舍36间被烧毁，粮食被抢掠殆尽。

1942年7月、8月间，冀西、冀中进入雨季，暴雨不断，滹沱河、沙河、唐河、潴龙河、子牙河及白洋淀的河水、湖水暴涨。冀中各县地势低平，受到水患的严重威胁。日军密令炸决各处堤坝，水淹冀中。白洋淀三十二连桥、淀南孟中峰堤、滹沱河、潴龙河、沙河、唐河沿岸多处堤坝同时溃决，造成千里泽国。在这次事件中，日军共决堤128处，致使冀中三十五县绝大多数被淹，其中十五县成为重灾区，受灾村庄6752个，占冀中村庄总额的95%，田地被淹毁150多万亩，房屋被毁近17万间，灾民达200万人之多。

1943年，日军华北方面军的扫荡行动仍很猖獗。以9月中旬至12月中旬日伪军扫荡冀西为例，扫荡中冀西三十一县群众遇害6674人，房舍被烧毁54779间，粮食损失2934万斤，牲畜损失19337头。在此次扫荡中，日军荒井部队制造了骇人听闻的平阳惨案，在阜平县平阳村一带屠杀群众1100余名（其中平阳村700余名），烧毁房舍5200多间，抢掠粮食18万斤。事后平阳村为死难者修"千人墓",并立碑以志纪念,碑文说:"一九四三年秋,日寇集兵四万,历时三月,对我北岳区进行剿灭扫荡。阜平为扫荡之中心,平阳一带为斗争之焦点。敌人荒井部队为极恶兽兵,破孕妇之腹,餐生人之肉,造成举世骇闻之平阳惨案,屠杀我同胞七百余人。"这一段悲愤的血泪文字记录着日军"三光政策"给中国人民造成的严重创伤!

"三光政策"虽然给各抗日根据地带来巨大困难,造成根据地面积萎缩、人口减少。但是日军的法西斯恐怖行径并不能碾碎中国人民的抗战意志,并不能摧毁抗战的物质基础。侵略者越是暴虐,我们的群众就越是团结,我们的队伍就越是有凝聚力,就越是有战斗力。这就是唐诗中说的"野火烧不尽,春风吹又生"。到1943年底,中国共产党领导的抗日根据地人口总数增加到8000万左右,正规军由原来的30万增加到47万左右。

◎ 灭绝人性的细菌战

早在1933年,日本陆军参谋本部就在中国哈尔滨附近秘密建立了一支从事细菌战研究和实验的特种部队——石井部队。该部队因其部队长石井四郎而得名。石井四郎曾赴德专门学习细菌武器,是细菌战的狂热鼓吹者。石井部队因从事见不得人的罪恶勾当,所以始终披着神秘的面纱,对外挂着"关东军防疫给水部"的招牌,并先后化名为"加茂部队""奈良部队""东乡部队"。1941年石井部队使用秘密番号,整个石井部队称为"满洲第659部队",它的本部称作"满洲第731部队"。1945年5月,又易名为"满洲第25202部队"。

▲石井部队哈尔滨原址鸟瞰图

　　石井部队的名称虽然换来换去，但它的实质一点都没有变，那就是研究和培养易于传播、对人类能在短期内造成严重危害的细菌，以期用细菌战达到常规战所不能达到的目的。石井部队除使用动物来做实验外，还大量使用活人来做实验，以期增强实验的直观效果。他们给活人注射、服用或者用飞机投放鼠疫、霍乱、伤寒、炭疽、赤痢等烈性传染病菌，除此之外，还大量进行冻伤试验、毒气试验、人血和动物血互换试验、活体解剖实验。大批被捕的抗日志士、情报人员、无辜百姓以及外籍侨民都成为石井部队用作实验的"原木"。据石井部队第四部部长川岛少将在苏联军事法庭上供称，从 1940 年到 1945 年 8 月，石井部队残杀中国人、苏联人、蒙古人 3000 多名。这是一个大大缩小的数据，由于石井部队用活人做实验是在极端保密的情况下进行的，究竟有多少人遇害很难有确切统计，但远远超过 3000 名这一点是肯定无疑的。

除石井部队外，1936 年日军在长春建立"关东军兽疫预防部"（1944 年改称第 100 部队），在 1937 年七七抗战后，日军先后在北平建立"北支甲第 1855 部队"，在南京建立"荣字第 1644 部队"，在广州建立"波字第 8604 部队"，等等。这些部队与石井部队没有什么两样，都是从事细菌战研究和试验的特种部队。这些部队生产细菌的能力相当强，以石井部队为例，据该部队生产部部长川岛清等人在苏联军事法庭上供称：在一个月的时间内，石井部队能够培育 300 公斤鼠疫苗，或者 600 公斤炭疽菌，或者 1000 公斤霍乱菌。

日军的细菌战从七七抗战后不久就开始实施，首先在华北各地小规模地散布霍乱、伤寒、鼠疫等病菌。自 1938 年秋季以来，几年内无数军民死于日军的细菌战。河南的内黄、博爱等县，河北的赞皇、定县、灵寿、正定、无极，山西的五台、河曲、保德、武乡，绥西，山东的临清、馆陶等地受日军细菌战之害尤深，疫情严重。

自 1940 年下半年起，日军开始有计划地展开相当规模的细菌战。这一年夏，日军在浙赣地区实施代号为"保号作战"的细菌战，石井部队抽调 40 人组成远征队，携带大量菌体参战。9 月下旬，日机向宁波、金华、玉山等地播撒病菌，据日军驻中国派遣军总司令部的一份《业务日志》记载：宁波地区平均每平方公里播撒 1.5 公斤病菌，金华、玉山平均每平方公里播撒 2 公斤病菌。为加强疫情，10 月中旬以后又在上述地区播撒大量染有鼠疫菌的跳蚤，这类跳蚤是与麦子、粟米等掺杂在一起播撒的。这次秘密的细菌战持续约四个月之久，在浙赣地区造成几大疫区，由于鼠疫、霍乱、伤寒等同时流行，疫情很难控制，无数中国百姓暴亡。以宁波为例，仅宁波市开明街一带就有 99 人染上鼠疫，其中只有两人被治愈；有的店铺和住户因染上鼠疫而暴死数人至十几人者，如宝昌祥内衣店死14人，元太绍酒店死6人，其中宝昌祥内衣店仅一名叫蒋信财的职员幸免于难。金华一带的疫情亦相当严重，仅该地区东阳、义乌和兰溪三县就有361人死于鼠疫。

1941年夏、秋，日军在湖南常德两度播撒带有鼠疫菌的跳蚤。第一次播撒后造成400多人死于鼠疫，第二次播撒后鼠疫蔓及整个市区乃至桃源县一带，仅一个名叫石桥镇的小地方就有80多人死于鼠疫，全家死绝者不在少数。

1942年，日军发起浙赣战役，参谋本部秘密策划在攻占浙赣铁路及沿线各机场后大规模散布细菌，使各中国空军基地成为受灾区，迫使中国及盟国空军于短期内无法使用这些基地。此次细菌战由石井部队远征队和南京荣字第1644部队联合执行，金华、龙游、衢县、玉山、浦江一带为重点投菌区。上述地区疫病流行，百姓大批惨死。这些地区的疫情，直到1950年才得到彻底的消除。在这次细菌战期间，日军除使用飞机播撒、人工散布等传播细菌手段外，还使用了非人道的方式。石井部队远征队挑选技术骨干到南京的两座战俘营，将注射有伤寒菌等病菌的大饼分送给约3000中国战俘食用，然后将这批战俘全体释放，使他们成为疫病的被动传播者。

日军在中国不但进行细菌战，而且还大量使用化学武器。日军在太原、宜昌、济南、南京、汉口、广州等地设立化学武器工厂，在上海、太原和宜昌等地驻有专门从事化学战的特种部队。据粗略统计，日军先后在中国十四个省市使用化学武器1131次。

日军在武汉会战、南昌战役、常德战役等多次战役中也大规模使用化学武器，投掷毒气弹数以万计。日军在扫荡作战中

▲日军炮兵佩戴防毒面具发射毒气弹

广泛采用毒气战，如 1940 年 8 月，日军在山东峄县朱沟作战中使用毒气弹，致使 350 多名抗日官兵中毒身亡；又如 1940 年 5 月，日军在山东泰安县红山作战中发射毒气弹，致使 300 名抗日官兵绝大部分中毒身亡。诸如此类毒气战事件不胜枚举，整个抗战期间，10 余万中国军民成为日军毒气战的受害者。到日本宣布投降时，日军尚在中国九个省区遗留约 200 万发毒气弹，其中以东北地区残留最多。时至今日，这些毒气弹还没有得到彻底的清理，仍是潜在的危险因素。日本无视国际法的有关规定，把细菌战、毒气战之类的东西加诸于中国军民身上，显露了日本法西斯毫无人道可言的野蛮性。但无论使用何种野蛮的做法，日本总是无法从中国战场的持久战中脱身，数十万陆军胶着于中国战场上，进退两难。日本侵略者的失败命运不可抗拒地降临。

日军的"一号作战"
和正面战场的溃败

　　1943 年，失败的命运逼近日本。在中国大陆，重庆国民政府依然坚持抗战，与日军在正面战场对峙，国民政府军队在编制上有 340 多个师，总兵力达 650 万人，如此庞大的军队不是日军能够应付自如的，重庆国民政府屈膝投降的可能性也几乎不存在了。中国共产党领导的人民抗日武装在敌后依托根据地开展广泛的游击战、有条件的运动战，到 1943 年底，沦陷区近半数国土被收复，日军巩固占领区的战略遭到不可逆转的失败。1943 年，美、中空军与日本空军经过激烈的较量，美、中空军的活动范围逐步由中国西南部向东南地区扩展，日军的长江补给线和海上运输线均受到严重的空中威胁，运输舰只损失惨重。这一年的 11 月 25 日，美国空军轰炸机首次从中国基地起飞，空袭日本视为本土防卫的台湾海军航空兵基地，日本当局受到很大的震动。

　　在太平洋战场，日军的猖狂一去不复返，已陷入被动防守中。到 1943 年底，盟军在西南太平洋的攻势取得突破性进展，占领了所罗门群岛大部及新几内亚东部；盟军在中太平洋上亦发动攻势，拿下了吉尔伯特群岛，并转攻马绍尔群岛。

　　整个战略态势的恶化，迫使日本高层考虑在中国战场发动一次大规模的战役，建立一条从日本开始，经朝鲜、东北、华北、华中、华南、越南、泰国，直到新加坡的战略交通线，为日后在中国大陆与东南亚抵御盟军做好准备。1943 年 12 月 7 日，日本中国派遣军制定《纵贯大陆铁路作战指导大纲》，确定此次战役的代号为"一号作战"。1944 年 1 月 24 日，经天皇裕仁批准，日军大本营下达《一号作战纲要》和作战命令，规定作战目标为打通大陆交通线，占领和确保平汉、粤汉、湘桂铁路沿线各要点；击溃中国军队主力，借以压垮重庆国民政府；摧毁美、中空军在中国大西南的基地，以保证日本本土、长江补给线、东南沿海运输线的安全。此次战役，日军计划投入兵力 50 余万，火炮 1500 门，汽车约 1500 辆，战马约 10 万匹。大本营为确保战役计划的实施，下令将准备调赴太平洋战场的四个师团留在中国，又从关东军抽调第 27 师团等部队入关参战，另外在国内拼凑十四个步兵旅团派赴中国战场，加强维护占领区的"治安"。在各战场兵力都相当短缺的情况下，日本依然下决心集结重兵在中国战场发动大规模的战役，这实在是侵略者于穷途末路时的大赌博。

日本中国派遣军遵照大本营的命令，制定详密的作战方案，计划整个战役分三个阶段完成，第一阶段由华北方面军实施河南作战，第二阶段由华中第十一军进攻湖南，第三阶段由第十一军与华南第二十三军进攻广西，整个战役预定在五个月内完成。

1944 年 4 月 17 日河南战役开始。冈村宁次指挥华北方面军第十二军和第一军的六个师团又四个独立旅团近 15 万人，由新乡以南至中牟一线强渡黄河发动进攻。中国方面负责黄河正面防御的是蒋鼎文、汤恩伯所辖的第一战区，共有十七个军四十多个师，兵力超过 30 万。第一战区计划沿黄河和平汉铁路线实施节节防守，主力集结像中，打击深入突进之敌。但由于应战仓促，缺乏足够的准备和动员，部队组织不善，各部缺乏良好的配合，结果无法实施预定作战计划，尽管部分部队浴血奋战，但整个溃退态势无可挽回。

4月20日，日军攻陷郑州。5月1日，日军占领许昌，一部继续沿平汉路向南推进，5月7日攻占郾城、漯河，5月8日与由信阳北进的第十一军一部会攻西平，打通平汉铁路南段。为确保平汉路西翼的安全，日本华北方面军调集主力部队进攻战略要地洛阳。日军第110师团、第62师团、第3坦克师团、第4骑兵旅团、独立混成第7旅团从登封、禹县、宝丰一带向龙门和洛阳迂回，同时，日军第69师团和独立混成第3旅团由晋南渡河，侵占河南渑池，威胁洛阳的侧后，日军构成对洛阳的三面围攻。第一战区第三十六集团军等部先后从渑池一带西撤，日军尾追不舍，连陷洛宁、陕县、卢氏，第三十六集团军总司令李家钰中日军埋伏殉国。日军在陕县、灵宝一带，与中国第八战区出潼关驰援部队和第一战区残部对峙，切断中国军队从西面向洛阳的增援。中国第五、第十战区部队从南面增援洛阳，亦为日军所阻。5月19日，日军开始猛攻洛阳。5月25日，洛阳失陷，河南战役结束。

日军只用了38天时间就占领了大半个河南省，打通了平汉铁路南段以及开封至陕县的陇海铁路。中国军队伤亡失踪20多万人，丢失城池二十八座。第一战区国民党军队在此次战役中的严重溃败，一方面是由于军事上被动挨打，未能组织起积极有效的防御；另一方面是由于国民党军队失去了河南民众的信任和支持。河南老百姓说"河南四荒，水旱蝗汤"，把汤恩伯与水、旱、蝗三害并列，足见国民党军的纪律之废弛，对老百姓的侵扰之烈。第一战区司令官蒋鼎文在事后总结教训

▲准备参加打通大陆战役攻击河南中国守军的日军装甲集群

时哀叹豫西民众处处围攻部队，迫令部队缴械，并实施坚壁清野，使官兵几天吃不到一顿饱饭。日军不来进攻时，你鱼肉民众；日军打过来时，你抛弃民众溃逃，难怪老百姓对你不客气，要叫你饿肚皮了！

进攻湖南，打通粤汉铁路，是日军"一号作战"计划中的重头戏。从1944年春开始，日军在鄂南、湘北一带陆续集结重兵，除原驻武汉地区的第十一军外，还从华北方面军、第十三军、关东军抽调部队归第十一军节制，组成包括十个师团、两个独立旅团、两个野战补充联队，总兵力达17万人的作战集团。中国方面担任防守的部队主要是第九战区薛岳所辖的第一、第二十七、第三十共三个集团军，包括从其他战区陆续抽调的部队，总兵力达40万人。

5月25日，日本中国派遣军总司令官畑俊六大将亲赴汉口指挥作战。5月26日，日军由洞庭湖、新墙河至鄂南通城一线发动攻势。日军吸取前三次长沙会战中因单纯正面攻击而导致失败的教训，这一次采取中央突破、两翼迂回包抄的战术。东路日军攻击平江、浏阳一带，西路日军攻击益阳、宁乡一带，中路日军渡过新墙河，经汨罗河向长沙进逼。中国第九战区计划以一部兵力担任正面机动防御，主力则集结于长沙、浏阳等纵深地带，拟合击突进之敌。由于重庆方面和第九战区司令部对日军进攻意图不甚明了，尤其是对日军采取的两翼迂回战术缺乏认识，从而导致在作战指挥和兵力配置上处于被动。战区主力配置于长沙以东地区，而这一带恰是日军重兵攻击方向，结果以硬对硬，中国军队不敌；对于长沙以西地区，第九战区未配置足够兵力，造成三路日军中力量最弱的右翼部队连连得手。

▲坚守长沙的第十军

从 5 月 26 日到 6 月 15 日，日军攻占了长沙东、北、西三面的外围各战略要点，对长沙造成合围态势。6 月 16 日，日军对长沙发起攻击，守卫长沙的张德能之第四军没有组织起有效的抵抗，轻弃长沙后撤。6 月 18 日，长沙失陷。

日军占领长沙后迅速南进，连陷湘潭、萍乡、衡山、茶陵、耒阳等地，对湘南战略支点衡阳构成合围态势。从 6 月 20 日到 9 月初，中、日双方军队在衡阳及衡阳外围地区展开激战。重庆方面的战略构想是死守衡阳，把日军主力牵制于衡阳地区，采取东、西两面夹击战术击败日军。日军方面的战略构想是攻占并确保衡阳，集中主力歼灭位于湘东山区的中国第九战区主力部队。

衡阳会战包括三个相关战役。一是湘东战役，第九战区主力第二十、第二十六、第三十七、第四十四、第五十八军等部与日军激战于醴陵、茶陵、安仁、攸县、耒阳、萍乡一线，战役从 6 月 23 日延续至 9 月初，中国军队没有实现反攻的意图，日军也未能达到吃掉第九战区主力部队的目的。二是双峰战役，从 6 月 24 日至 7 月底，中国第六战区第二十四集团军王耀武部在双峰、湘乡、宁乡等湘江以西地区展开攻势作战，一度吸引日军两个师团的兵力，减缓了衡阳方面中国守军的压力。三是衡阳保卫战，这是一场惨烈的恶战。

衡阳是联系湖南、广东、广西、贵州、江西等地的交通要冲，是大西南的重要门户之一，又是中、美空军的重要基地。日军要打通大陆交通线，就非夺取衡阳不可。重庆方面也看重衡阳的得失，蒋介石称衡阳"有关于国家之存亡、民族之荣辱至大"，但是中国军队守卫衡阳的力量却相当薄弱，只有方先觉第十军下辖 3 师、190 师、预备 10 师及一个野炮营，全军共17600 余人。

6 月 22 日，日军开始攻击衡阳外围各要点。6 月 28 日，日军对衡阳发起第一轮大规模进攻，第十军顽强抗击，日军伤亡惨重，68 师师长佐久间中将负重伤。7 月 11 日，日军发起第二轮攻击，衡阳几成焦土，但第十军将士仍屹立不倒。8 月 4 日，日军第十一军司令官横山勇中将亲自指挥五个师团发起第三轮攻击。第十军浴血奋战，寸土必争，战况空前惨烈，第十军将士伤亡殆尽，而援军第六十二军、第七十九军等部仍被日军阻隔于衡阳外围地区。8 月 8 日，第十军军长方先觉率残留部队向日军投降，给壮烈的衡阳保卫战添上了一个不光彩的尾巴。衡阳保卫战历时 48 天，中国守城官兵伤亡 15000 余人，但亦给日军造成 19380 余人的伤亡，其中包括 390 名战死的中高级军官。

▲日军围攻衡阳，中国军队驰援雨母山。

为集中兵力和统一指挥，日军大本营于 8 月 26 日下令成立第六方面军，冈村宁次出任司令官，下辖第十一军、第二十三军、第三十四军，整个方面军拥有十一个师团左右的兵力。

第六方面军的主要作战任务是进攻广西,占领桂林、柳州等战略要点。中国第四战区所辖四个集团军二十多个师亦调整部署,以柳州为中心组织防御。

9月上旬,日军第十一军向广西东北方向发动进攻。同时日军第二十三军从广东向广西发动进攻,连陷高要、怀集等地,22日攻占梧州。第二十三军所辖独立混成第23旅团由雷州半岛出发北犯,于23日攻占容县。日军第十一军由北向南,第二十三军由东向西,两面夹击桂林、柳州地区,造成合围态势。11月10日,第四战区司令官率部轻弃柳州,同日桂林亦失陷。11月24日,日军攻占南宁,继续南犯,于12月10日和从越南谅山北犯的日军会师于绥渌。至此,日军完成打通大陆交通线的作战任务。日军南进的同时,另以第3师团、第13师团等部西进,连续攻占宜山、车河等地,12月2日攻占贵州重镇独山和八寨。中国军队组织反攻,相继收复八寨和独山,与日军在车河一线形成对峙态势。到这个时候,日军的攻势已是强弩之末,失去继续向前推进的能力。

从1944年4月到12月,日本用八个多月的时间完成了"一号作战"计划。重庆当局对日军的这次大规模进攻,缺乏足够的认识和准备,第一、第九、第四等战区基本上是仓促应战,其他各战区亦配合乏力,因此虽有部分军队英勇奋战,但无力挽回整体大溃退的态势。短短八个多月内,国民党军队损失约50万人,丧失豫、湘、桂、粤四省的大片土地,一百多座城市,丢失衡阳、零陵、宝庆、桂林、柳州、丹竹、南宁等7个空军基地和36个机场。国民党军在正面战场的这次大溃败,一方面在国内造成不良影响,民众对国民党的不满情绪上升;另一方面在国际上也造成相当恶劣的影响,世界各反法西斯战场正在节节胜利,而拥有650万重兵的重庆国民政府,却在 50 万日军的进攻下吃了空前的大败仗，于情于理都难以说得过去。

　　表面上看，日军的"一号作战"取得了胜利，但是依旧不能挽回日本法西斯失败的命运。从战争的全局讲，日军发动"一号作战"，致使它在中国大陆的战略中心西移，不利于将来在中国东南沿海组织对盟军的防御；在各战场兵力紧张的情况下，日军抽调重兵投入"一号作战"，一是加速了在其他战场的失败，二是使参战日军的战斗力急剧下降，以精锐部队第十一军为例，在战役结束后，它的第一线一个师的战斗力，只相当于一个团的战斗力。从"一号作战"本身的目标来看，第一，日军虽然打通了所谓大陆交通线，但该线绵延数千公里，日军根本没有足够的兵力全线把守，随时都可能被切断。所以大陆交通线只不过是日本当局在失败来临之际的一种自我欺骗，在现实中这是一条无法发挥作用的交通线。第二，日军虽然破坏了湖南、广西等地的部分中国空军基地，但这些基地的飞机大多转移，受到的损失不大。而且 B－29 远程轰炸机可以直接从成都、重庆等地方的机场起飞，对日本本土实施轰炸。第三，日军虽击溃几十万国民党军，但并没有伤到重庆国民政府的元气，它不仅未被压垮，反而在积聚着战略反攻的力量。

　　"一号作战"是日本法西斯孤注一掷的战争赌博，它的表面上的胜利只是行将彻底失败前的回光返照。

敌后战场的攻势作战

当国民党军在正面战场溃败的时候，中国共产党领导的抗日武装在华北、华中和华南广阔的敌后战场上发动连续的攻势作战，给予日伪军沉重打击。敌后战场的作用愈益突出，冲淡了正面战场失败所带来的沉重，让人在阴云的缝隙里瞥见灿烂的光亮。敌后战场的攻势作战，离不开两个条件，一是中共领导的人民抗战力量的壮大，二是日军抽调有力部队参加"一号作战"，在它的后方暴露出一个相对的力量空洞。

从抗战开始到1944年初，中共领导的人民抗战力量走过了一段艰辛的发展历程。1937年到1940年是人民抗战力量初步发展的阶段。这一阶段，尤其是这一阶段的前半期，日本方面轻视中共领导的抗日武装，国民党抗战比较努力，和中共的关系也比较融洽，这样就给人民力量的发展提供了相对宽松的条件。到1940年，中共领导的抗日根据地拥有约1亿人口，八路军、新四军等武装力量发展到近50万。

1941年、1942年，中共领导的人民抗战力量处于极端困难之中。日本方面对各抗日根据地不断扫荡、清乡；国民党由于惧怕人民力量的壮大，也对中共采取限制和摩擦手段。由于受到内外两个方向的挤压，抗日根据地面积萎缩，人口降到5千万以下，八路军也缩小到30多万。但暂时的挫折，却为后面的发展积聚着力量和经验，正如毛泽东总结这一段历史时所说："这种困难地位教育了共产党人，使我们学到了很多东西。我们学会了如何反对敌人的'扫荡'战争、'蚕食'政策、'治安强化'运动、'三光'政策和自首政策；我们学会了或开始学会了统一战线政权的'三三制'政策、土地政策、整顿三风、精兵简政、统一领导、拥政爱民、发展生产等多项工作，克服了许多缺点，并且把第一阶段内许多人自以为了不得的那股骄气也克服下去了。"

到1943年夏秋，局面一新。日军的扫荡和清乡渐趋萎顿，八路军、新四军等实施"敌进我进""把敌人挤出去"的战术，逐步取得敌后战场上的主动权。7月、8月，太行军区和冀鲁豫军区发动卫南、林南战役，歼灭伪军庞炳勋、孙殿英等一部。11月、12月，山东军区歼灭伪军刘桂棠部，迫使李亚藩部投降，消灭吴化文一部。这两次战役都是攻势作战，显示着中共领导的抗战武装已具备发动相当规模攻势作战的能力。到1944年春，根据地面积扩大，人口上升到8千余万，正规军增加到47万，民兵约227万。这就是敌后战场攻势作战的力量源泉。

1944年，日军为实施"一号作战"，不得不调整兵力部署。从1944年春到1945年初，日军陆续从华北、华中、华南抽调部队约51万，占侵华日军的半数左右。就在"一号作战"的准备和实施阶段，日军大本营又从华北方面军抽调第26、32、35、62师团等赴太平洋战场作战，使广大敌后战场上日军的力量急剧减少。为减少有力部队抽走后造成的空洞，日军将一些独立混成旅团、独立步兵旅团勉强升格为师团，留守各占领区，但是这种部队兵员既不足，士气也低落，战斗力下降。在无可奈何的情况下，日军只得借重伪军，由伪军接管一些次要的防区和据点，但是伪军的战斗力和日军的战斗力相比，明显不在同一档次。

在广大敌后战场上敌我双方力量的此消彼长，造成攻守之势的大转换。在整个 1944 年，中共领导的八路军、新四军等抗日武装发起一轮接一轮的攻势作战。这一年的攻势作战，带来两大战果：一是原有根据地的巩固和扩大，二是新根据地的开辟。

乘华北日军空虚的大好战机，八路军发动广泛的局部攻势，大胆采用一定规模的运动战，积小胜为大胜，沉重打击了日伪军。

山东军区在 1944 年进行大小战斗 3500 余次，攻克和逼退日伪据点 1265 个，歼灭伪军吴化文、荣子恒、李永平等部 5.4 万人，击毙击伤日军近 4600 人，俘日军近 300 人。部队发展到 15 万人的规模，解放国土 4 万余平方公里，人口 930 万，使滨海、鲁中、鲁南根据地联系起来，打破了以往各根据地被敌分割的局面，为发动更大规模的攻势创造了有利条件。

▲渤海部队攻占利津县城后举行祝捷大会

晋冀鲁豫军区在 1944 年共歼灭日伪军 7.6 万人，攻克敌据点千余个，收复国土 6 万平方公里，县城十一座，解放人口 500 余万。其中太行军区部队收复蟠龙镇、榆社县城、林县城等地，将根据地平均向平汉铁路线推进 10 公里以上。太岳军区部队向陵川、辽县和济源、垣曲方向发动连续攻势，仅在济源、垣曲一带就收复国土 2600 平方公里，解放人口 10 万余人。冀鲁豫军区部队在 5 月发起昆（山）张（秋）作战、清丰作战，歼灭日伪军 3000 多人；6 月、7 月又向微山湖西地区挺进，歼敌 1300 余人，收复鱼台、单县、丰县、沛县之间的地区；随后又向汶上至郓城一线发动进攻，歼敌 3000 人，解放大小村庄 600 多个。这一年的攻势作战，晋冀鲁豫军区还派部队深入敌后，先后袭击了石家庄、内丘、邢台等火车站，使敌震惊和恐惧。

晋察冀军区在巩固根据地基本区的前提下，积极向游击区和敌占区渗透，扩大根据地。在 1944 年共歼灭日伪军 4.5 万余人，攻克、逼退敌据点 1700 余处，解放人口 758 万，收复大小村庄 5000 多个。经过攻势作战，晋察冀根据地不但元气恢复，而且有所扩大。为适应这一新局面，整个根据地在 9 月、10 月成立冀晋、冀察、冀中、冀热辽四个军分区。

晋绥军区在 1944 年共拔除敌伪据点 106 处，解放村庄 3000 多个，人口 40 余万。对五寨、宁武、静乐、临县、离石、阳曲、忻县等交通沿线之日伪军的打击更为沉重，并在汾阳战斗中烧毁敌飞机场和火车站。晋绥军区部队的英勇奋战，给当时在晋西北的美英记者爱泼斯坦、福尔曼、武道以及美军观察组官员卡斯堡等人留下了极佳的印象。

1944 年，华中日军由 1943 年底的 21 万人减少到约 17 万人，而且这 17 万人多为临时拼凑，兵员素质低，战斗力下降。

华中伪军虽由 1943 年底的 20 万人逐渐增加到 35 万人，但伪军的战斗力不强，士气更是低落。新四军抓住有利战机，一面恢复原来的根据地，一面选择敌人的薄弱部位展开攻势作战。

3 月上旬，苏中区新四军第 1 师在粟裕的指挥下发动车桥战役。在该战役中，第 1 师集中五个主力团组成三个纵队，以一个纵队围攻车桥之敌，两个纵队打援，经过 20 多个小时的激战，歼灭日军 460 余人，伪军 480 余人，迫使敌人放弃车桥一带的据点，使淮安、宝应以东纵横百余里地区得到解放，恢复了苏中区与苏北、淮北和淮南的联系。

苏北区新四军第 3 师主动作战，先后攻克高沟、杨口、陈家港、大兴镇、林公渡等重要日伪据点，打破了日伪对苏北区的分割，打乱了日伪的运河交通体系，保障了苏北、淮北两根据地的联系。

▲第 3 师渡过黄河，向陈家港进军。

淮北区新四军第4师，从3月开始发动三个多月的连续进攻，歼灭日伪军1800余人，攻克据点50多处，解放了泗县、灵璧、睢宁等地区。为恢复第4师原来开辟的豫皖苏根据地，8月15日，师长彭雪枫亲率四个团又一个营，越过津浦铁路西进。9月11日，彭雪枫在八里庄战斗中牺牲，中央任命张爱萍继任第4师师长，韦国清为副师长。第4师化悲痛为力量，到11月推进至商丘、亳县一带，基本上恢复了原豫皖苏抗日根据地。

淮南区新四军第2师在津浦路两侧积极作战，取得了盱眙袭击战、羊山头伏击战等胜利，并在师长谭震林的亲自指挥下，打退了11月日伪六七千人对路西根据地的反扑。皖江区新四军第7师向东、向南寻机作战，攻势接近江浦、浦口、芜湖等地。

鄂豫边区新四军第5师克服种种困难，于1944年年初在嘉鱼、蒲圻、临湘一带作战。豫湘桂战役中日军长驱直入，国民党军溃退千里，第5师抓住时机，在其他部队的配合下，北进豫南、豫中，南下嘉鱼、岳阳、华容、公安等湘鄂交接处，解放国土5万平方公里。

1944年，新四军在华中对日伪军的攻势取得了很好的战绩，共歼敌5万余人，解放国土7400余平方公里，人口160万以上。各根据地之间加强了联系，为以后的发展打下了基础。

在华南地区，东江纵队、琼崖纵队等也在攻势作战中获得较大的发展。这一年华南各抗日根据地人口达300万左右，拥有数万武装，其中主力部队达1.5万人，已成为华南敌后战场上的活跃力量。

在巩固和发展原有根据地的同时，中共中央放眼未来，高度重视开辟新的敌后根据地，抽调八路军、新四军的部队挺进豫西、湘粤边和苏浙皖边，力争在这三个地区建立新的战略支点。

1944年4月、5月，日军华北方面军发动河南战役，国民党汤恩伯等部败溃。5月底，日军将攻击重心移向湖南一带，河南之敌相对薄弱，中共中央遂着手准备进军豫西。由太行军区第3团、第35团和豫西地方工作队1500余人，组成八路军豫西抗日第一支队。9月上旬，第一支队在皮定均、徐子英的率领下渡黄河、越陇海铁路，进入嵩山、箕山一带。以太岳军区第18团、第59团等组成的第二支队，在韩钧、李聚奎的率领下，于11月上旬南下，进入新安，至渑池一带。随后，中共中央又抽调驻陕甘宁边区的部分部队，组成第三和第四支队，由王树声和戴季英率领，于11月底挺进豫西。与此同时，华中新四军第4、第5师也派部队进入河南。

为在河南立稳脚跟，中共中央在12月中旬专门致电邓小平等人，指出由于国民党专制、腐败，造成短时间内丧失大片国土的局面，中华民族最后的解放将完全依靠人民自身的力量，因此，进军河南建立抗日根据地是理直气壮和正大光明的，是义不容辞和责无旁贷的；要求建立和巩固河南抗日根据地，使八路军、新四军两大战略力量在地域上连为一片，为反攻做好准备。1945年2月，河南军区正式成立，由王树声任司令员，戴季英任政委。不久八路军在豫西部队发展到万余人，根据地人口达300多万。

1944年夏秋，国民党部队在湘桂战场上连连溃败，大片国土沦丧敌手。9月初，中共中央决定由359旅组成南下支队，先赴湖南中部建立抗日根据地，然后继续南下，与广东东江纵队配合，在五岭一带开辟抗日根据地。11月上旬，王震、王首道率南下支队从延安出发，于第二年 1 月底到达湖北大悟山，与新四军第 5 师会合。3 月底，南下支队到达湖南平江。在随后的几个月内，南下支队在湘鄂赣边区活动，进行根据地的创建工作。8 月，南下支队向广东方向进军，于月底抵达广东北部南雄境内。此时由于时局的变化，南下支队奉命北返。南下支队转战陕、晋、豫、鄂、湘、赣、粤等七省，历时近一年，虽未达到创建五岭根据地的战略意图，但它反映了中共中央在战略上的主动性和前瞻性。

▲1944 年 12 月，王恩茂（后排右一）率八路军南下支队到达鄂豫皖边区与新四军第 5 师会师，前排右起为李先念、陈少敏、王震、王首道。

战局演进到 1944 年，中国东南地区的战略重要性显得很突出。日军为保障东南沿海的海上交通线，必得巩固该地区，同时盟军设想将来在这一区域登陆，对中国大陆上的日军发动反攻。为争取战略上的主动权，配合盟军作战，中共中央决定在苏浙皖边地区开创新的抗日根据地。9 月底，中共中央要求华中局对苏浙皖地区工作应有新发展的部署，尤其强调以浙江为主要发展方向。11 月底，中共中央明确要求新四军抽调部队南进，发展苏浙皖地区。

12 月末，粟裕率新四军第 1 师三个团 8000 余人渡江南进，到达浙江长兴地区。1945 年 1 月中旬成立苏浙军区，由粟裕任司令员，谭震林任政委，所辖部队整编为三个纵队。4 月中旬，叶飞又率两个团南下，编为苏浙军区第四纵队。粟裕率部一面积极打击日伪军，一面反击部分国民党军的无理攻击，在天目山一带立稳了脚跟。

从巩固、发展原有根据地，到开辟新区，八路军、新四军等抗日武装的攻势作战成绩斐然，敌后战场上的战略态势为之焕然一新，由敌攻我守转换为我攻敌守。在正面战场溃败的情况下，敌后战场的重要性因素愈益突出，人民的抗战力量也因此愈益重要。攻势作战是一个信号，是一个代表着人民力量在抗战中逐渐壮大和成熟起来的信号，也是一个预示着日本侵略者失败命运的信号。国民党的部队在正面战场溃败，中共领导的人民抗战力量在敌后战场展开攻势作战，一方面固然是因为在这一时段内日军把进攻重心放在正面战场的结果，但另一方面也深刻地体现了国共两党在抗战中地位的变化。国民党在正面战场的失败，主要是败于其自身的专制和腐败，败于脱离人民；中共在敌后战场上的发展，则主要得益于其政略、战略的进步和成功，得益于人民群众的支持。两相比较，预示着中国未来命运的走向。

国共谈判与联合政府计划

　　1944 年是世界反法西斯战争阔步走向胜利的一年。随着时局的演进，战后中国的前途问题就摆在了整个中华民族面前，摆在了国民党和共产党面前，国共两党都必须作出毫不含糊的抉择。由于国共合作是抗日民族统一战线的基础，还由于国共是当时中国最有力量的两大政党，所以国共两党的关系就直接影响着中国的未来命运。这一年的国共谈判首先从两党关系问题入手，逐步转向联合政府问题。

　　皖南事变后，国共两党之间隔膜加厚，关系冷淡而紧张。1942 年 10 月至 1943 年初，周恩来、林彪代表中共与国民党谈判，未能打破僵局，但两党都没有关闭谈判的大门。1943 年 9 月，蒋介石在国民党五届十一中全会上表示：中共问题是一个政治问题，应用政治方法解决。10 月 5 日，毛泽东表示："在蒋先生和国民党愿意的条件之下，我们愿意随时恢复两党的谈判。"1944 年 1 月，毛泽东约见国民党驻延安的联络参谋郭仲容，表示中共拥蒋抗战和拥蒋建国的方针，并告以派人赴重庆与国民党重开谈判的计划。2 月 2 日，国民党中央复电表示同意。2 月中旬，中共中央决定先派林伯渠为代表与国民党谈判。

　　国民党对于这次谈判的原则是用缓和的办法，逐步迫使中共交出军权和政权。蒋介石尤其强调军政、军令方面必须坚持绝对统一，这就是要在军事上最大限度地限制中共力量的发展。3月12日，周恩来在延安纪念孙中山逝世19周年大会上，作《关于宪政和团结问题》的演讲，其中表明了中共对于这次谈判的要求，主要是：承认中共在全国的合法地位；承认边区及各抗日根据地政府；恢复新四军，拨发八路军、新四军及一切敌后武装应得之补给物资；撤销对陕甘宁边区及各抗日根据地的封锁；开放党禁，保障人民自由和实行地方自治。

4月29日，林伯渠与王若飞等由延安飞往西安。从5月4日到5月16日，林伯渠等与国民党代表张治中、王世杰展开初步谈判，谈判的核心是中共军队编制问题和陕甘宁边区问题。林伯渠表示中共军队应先编六个军十八个师，国民党代表只同意四个军十二个师的编制。林伯渠提出边区辖区及民主制度不变，国民党代表要求把边区改称陕北行政区，直属行政院，奉行国民政府的法令。最后双方商定将谈判意见整理成记录，经双方代表签名后，各自上报中央，但国民党代表后来拒绝签名。5月17日，谈判地点移至重庆。

5月22日，林伯渠将中共中央提出的《关于解决目前若干急切问题的意见》二十条交给国民党代表，而张治中、王世杰等以所提条件过多为由拒绝转呈蒋介石。中共遂将二十条缩减到十二条，次要问题以备忘录形式提出。这十二条的主要内容，一是实行民主政治，开放党禁，承认中共及各抗日党派的合法地位，释放政治犯；二是目前至少应给予中共军队五个军十六个师的番号，抗战时期八路军、新四军等现有防地不变，接济八路军、新四军应得的物资；三是承认边区及华北各根据地内的抗日民主政府，撤销对各根据地的封锁。但上述最低限度的要求仍被国民党方面拒绝。

▲中共中央提出的十二条意见

6月5日，国民党方面提出《中央对中共问题政治解决提示案》，其核心内容就是限期取消中共十个师以外的部队，十个师的部队必须开到规定的防区，敌后根据地的所有政府一律交由流亡重庆的省政府接收。这就是要从军政两方面否认中共坚持抗战所赢得的成果，就是要扼制中共领导的人民力量的发展。对此提示案，中共方面表示无法接受，谈判陷入僵局。

在这一段时间内国内局势出现新变化。国民党军在豫湘桂战场上节节溃败、丢城失地，这就激活了新的一轮全国民主宪政运动，大后方舆论鼎沸，把矛头直指国民党当局的专制和腐败，要求结束国民党一党专政，走民主抗战和民主建国的道路。人们对国民党毫无生气的政治、军事和经济措施，从不满发展到普遍的愤怒。

为顺应这一新局面，中共六届七中全会主席团在 9 月 1 日决定提出成立联合政府的政治主张。9 月 4 日，中共中央致电在重庆的林伯渠、董必武和王若飞："目前我党向国民党及国内外提出改组政府主张，时机已经成熟。其方案为要求国民政府立即召集各党各派各军各地方政府各民众团体代表开国事会议，改组中央政府，废除一党统治，然后由新政府召开国民大会，实施宪政，贯彻抗战国策，实行反攻。"9 月 15 日，林伯渠在国民参政会三届三次会议上正式提出废除一党专政，成立民主联合政府的主张。10 月 10 日，周恩来在延安庆祝"双十节"集会上发表《如何解决》的演讲，进一步明确中共关于联合政府的主张。他说："为挽救目前危机，为配合盟邦作战，并切实准备反攻起见，我们中国共产党人主张由国民政府立即召集全国各方代表，开紧急国事会议，取消一党专政，成立联合政府，改弦更张，以一新天下之耳目。"

中共提出成立联合政府，不但顺应了全国民心所向，而且更富有前瞻性。它既是为争取抗战的最后胜利着想，又是事关战后中国走向的政治构想。因此成立联合政府的主张得到人民群众和民主党派的普遍欢迎和支持。9 月 19 日，民主政团同盟决定改组为中国民主同盟，以更积极的姿态介入国共两党之间，促进联合政府早日成立。10 月 10 日，民盟发表《对抗战最后阶段的政治主张》，明确提出"建立各党派之联合政权，实行民主政治"。

此时国民党各方面都陷入窘境，尤感政治方面压力甚大，所以同意与中共就联合政府问题谈判。这时候美国政府越来越关注国共两党关系问题，直接介入两党的谈判中。随着战火向日本本土逼进，日军在太平洋战场上拼死抵抗，给美军造成严重伤亡。为减轻太平洋战场上的压力，美国政府希望中国的抗战能够坚持到底。但国民党军在正面战场上的大溃败使罗斯福深感忧虑，他明白要使中国的抗战不至于崩溃，就必须给腐败的重庆国民政府注入民主改革因素，就必须承认和容纳中共这样一个扎根于广泛群众之中、蓬勃向上的政党。但是，美国政府看到日本的失败已经只是一个时间问题，它似乎更看重塑造一个战后更能符合美国利益的中国，在这一点上显然蒋介石政权最对美国政府的口味。

1944年10月18日，罗斯福召回与蒋介石不和的史迪威，派魏德迈接任中国战区参谋长，这就标志着美国政府决心把蒋介石政权这块食之无味、弃之可惜的鸡肋留在宴席上。史迪威回去了，调解蒋、史矛盾的罗斯福私人代表赫尔利却留下来了，并于11月初任驻华大使。雄心勃勃的赫尔利开始调停国共间的矛盾和分歧。

▲ 毛泽东在延安机场迎接罗斯福的私人代表赫尔利

11 月 7 日，赫尔利直飞延安，中共对他表示热烈欢迎。在谈判过程中，毛泽东直截了当地指出中国必须有一个由国民党、共产党和其他党派组成的联合政府，赫尔利对此亦表示认同。11 月 10 日，毛泽东和赫尔利分别在谈判协议上签字，并给蒋介石预留了签字的空白。这份协议的主要内容是：一、国共双方应携手工作，统一中国一切军事力量，以便迅速击败日本和重建中国；二、现行国民政府改组为联合国民政府，军事委员会改组为联合军事委员会；三、联合国民政府奉行孙中山的三民主义，实现民主政治；四、所有抗日军队服从联合国民政府与联合军事委员会的领导，同时联合国民政府与联合军事委员会须承认一切抗日军队，发给其应得的物资；五、联合国民政府承认国共两党及其他抗日党派的合法地位。

当天赫尔利返航，周恩来同机赴重庆谈判。蒋介石对赫尔利与中共拟定的协议极为不满，拒绝在上面签字，赫尔利的态度也随之来了个急转弯。11 月 21 日，赫尔利将国民党方面的三条反建议交给周恩来，这三条反建议的核心内容是：一、国民政府承认中共的合法地位，同意改编中共军队；二、中共应将所辖军队移交给国民政府军委会，国民政府指派中共将领参加军委会；三、国民政府以实现三民主义为目标。国民党的这个反建议就是要逼迫中共交出军队，服从由国民党一党专政的国民政府。赫尔利力劝周恩来接受该方案，他要中共先加入到国民政府中来，然后再一步步改组。中共的态度是，坚决认为唯有联合政府与联合军事委员会才是解决危局的关键，而所谓参加政府，不过是装点门面而已。

由于国民党方面对联合政府问题避而不提，谈判陷入僵局。12 月 7 日，周恩来飞返延安。12 月 12 日，毛泽东、周恩来致电留在重庆的王若飞，要他们向美方表示："牺牲联合政府，牺牲民主原则，去几个人到重庆做官，这种廉价出卖人民的勾当，我们决不能干。这种原则立场，我党历来如此。"

赫尔利不想看到国共谈判就此中断，电邀周恩来再度赴重庆谈判，同时中共中央也抱着一线希望，决定不与国民党抽象地谈联合政府，而先谈召开党派会议问题，作为成立联合政府的第一个具体步骤。1945 年 1 月 24 日，周恩来飞重庆，与国民党代表宋子文、张治中、王世杰谈判，赫尔利居间斡旋。2月 2 日，周恩来代表中共中央提出《关于党派会议的协定草案》，其核心内容是：召开包括国民党、共产党和民主同盟三方代表在内的党派会议，商定成立民主联合政府的方法和步骤，起草施政纲领，该纲领经将来国事会议通过方可成为国家法案。国民党方面对召开党派会议不感兴趣，转而强调召开国民大会，而这个国民大会的代表还是抗战前国民党一手包办的，它既不能体现全国的民意，也反映不出抗战以来政局的新变化、新特点。国民党把所谓国民大会推到前台，实质上是以民主的招牌拒绝民主本身。

2 月 13 日，蒋介石约见周恩来，谈话中非常傲慢地说："联合政府是推翻政府，党派会议是分赃会议。"周恩来于 2 月16 日愤然飞返延安。3 月 1 日，蒋介石在宪政实施协进会上公开表示，他不能结束党治，也不同意成立联合政府。到这一刻，国民党当局砰然关闭了成立联合政府的谈判之门！

关于成立联合政府的谈判虽告中止，但国共两党都在各自的政治生活领域内，继续用截然不同的态度考虑这个问题。

1945 年 5 月 5 日至 21 日，国民党在重庆召开第六次全国代表大会。大会断然否定联合政府的建国方案，称"提出联合政府口号"是"企图颠覆政府，危害国家"。这与三个月前蒋介石所说"联合政府是推翻政府"的论调如出一辙。在否定联合政府建国方案的同时，大会决定在当年 11 月 12 日召开国民大会，以期实施宪政，达到"还政于民"的目的。但这个国民大会的代表仍然是抗战前国民党一手包办选出来的，根本不具备广泛的代表性，而且有的代表早已沦为汉奸。显然这个国民大会不可能还政于民，只可能把统治权在国民党两手间转个圈子。国民党的一党专政依然不会发生实质性的改变，不过多披了一件华丽的民主外袍而已。

▲毛泽东作《论联合政府》的政治报告

1945 年 4 月 23 日至 6 月 11 日，中共第七次全国代表大会在延安召开。大会上毛泽东专门作了《论联合政府》的政治报告，系统阐述了成立联合政府的条件、联合政府的构成和成立联合政府的步骤。在这个报告的开始部分毛泽东说：

整个世界上反对法西斯侵略者的神圣的正义的战争，已经取得了有决定意义的胜利，中国人民配合同盟国打败日本侵略者的时机，已经迫近了。但是中国现在仍然不团结，中国仍然存在着严重的危机。在这种情况下，我们应该怎样做呢？毫无疑义，中国急需把各党各派和无党无派的代表人物团结在一起，成立民主的临时的联合政府，以便实行民主的改革，克服目前的危机，动员和统一全中国的抗日力量，有力地和同盟国配合作战，打败日本侵略者，使中国人民从日本侵略者手中解放出来。然后，需要在广泛的民主基础之上，召开国民代表大会，成立包括更广大范围的各党各派和无党无派代表人物在内的同样是联合性质的民主的正式的政府，领导解放后的全国人民，将中国建设成为一个独立、自由、民主、统一和富强的新国家。

毛泽东的这段话精辟论述了中共关于成立联合政府的设想。成立联合政府是为着打败日本侵略者和建设新中国。成立联合政府要分两步走，第一步是组成民主的临时的联合政府，第二步是在广泛的民主基础上成立联合性质的民主的正式的政府。

值得注意的是，中共此时仍然敞开着与国民党的谈判之门，毛泽东在这个报告里说得很清楚："不管国民党当局现在还是怎样坚持其错误政策和怎样借谈判为拖延时间、搪塞舆论的手段，只要他们一旦愿意放弃其错误的现行政策，同意民主改革，我们是愿意和他们恢复谈判的。"

1944年、1945年初，成立联合政府成为国共两党谈判的焦点。中共提出成立联合政府计划，一是为争取抗战胜利着想，二是为战后中国的前途着想。这个计划的产生，不是凭空从中共领导人的脑袋里飞出来的，其基础，一是抗战中中共领导的人民力量的壮大；二是中间党派从小到大，成为一种较强的政治力量；三是全国民主运动的蓬勃发展。成立联合政府有着现实的根，这个根就是抗日民族统一战线。正如周恩来在中共七大上所说："自从我们党提出抗日民族统一战线的主张，到去年提出联合政府的主张，有了发展，实际上是一个东西。联合政府就是抗日民族统一战线在政权上的最高形式。"

中共的联合政府计划是对全国民众民主呼声的提炼，有着民众的拥护和支持，因而最能代表中国的未来走向。国民党为着一党的眼前利益拒绝联合政府计划；美国政府为着它在中国的眼前利益，支持国民党拒绝联合政府计划。无论是国民党，还是美国政府都因此和中国未来的历史主流擦肩而过！

中国军民的反攻准备

1945 年上半年，日本迅速滑向总崩溃的边缘。在太平洋战场上，美军相继攻占硫磺岛、冲绳岛，撕开了日本本土的防线，从马里亚纳群岛起飞的美军重型轰炸机开始轰炸日本本土。在中国战场上，1944 年的"一号作战"并不能挽回侵华日军在战略上的被动，局势的发展使日本中国派遣军总部一筹莫展，以至于新任司令官冈村宁次在 1 月底的一次军事会议上失态痛哭，哀叹"战局频告危急，日本国运之兴废迫于眉睫"。在日本国内，经济恶化、民生凋敝，厌战情绪滋蔓。

内外交困的情势迫使日本大本营调整战略，全面收缩防线，准备对美、中、苏采取长期防御态势。具体到中国战场，日本的战略重心东移，确保华北、华中要地，尤其巩固长江三角洲及东南沿海地区，借以抗击美军有可能发起的登陆作战。

鉴于日军在战略上转入收缩防御，中国军民放手发动反攻准备，正面战场和敌后战场均取积极态势，以期对日寇最后一战，收复大好河山。

◎ 重庆政府的反攻计划，缅北等地的攻势作战

重庆国民政府早就在酝酿反攻计划。1943 年 11 月，军令

部制定《国军总反攻作战指导计划大纲》，准备首先对武汉地区日军展开反攻。1944 年 2 月，蒋介石在第四次南岳军事会议上提出，5 月、6 月第一、三、四、五、六、九战区一定要实行反攻。由于日军实施"一号作战"，国民党军的反攻中止，但是蒋介石仍在考虑反攻的部署和准备。

1944 年冬，重庆方面为准备反攻调整战斗序列：十个战区司令官分别为胡宗南、阎锡山、顾祝同、张发奎、李宗仁、孙连仲、余汉谋、朱绍良、薛岳、李品仙，冀察战区司令官为高树勋，驻印军总司令为薛尔登，副总司令为郑洞国。同时，为了统一指挥和整训集结于西南的战略后备部队，在昆明设立中国陆军总司令部，由参谋总长何应钦兼任总司令。1945 年春，陆军总部所编练的三十五个步兵师已形成战斗力，部署于湘桂至滇、越边境。这个战略集团采用的是美制装备，接受的是美式训练，投入反攻作战将是生力军。

1945 年 2 月，国民政府军事委员会拟定《中国陆军作战计划大纲》，决定反攻西南和华南。同年春，中国战区最高统帅部制定了代号为"冰人及白塔"的总反攻计划，决定在这年秋天对中国大陆日军展开总反攻，切断在华日军与越南及其以南地区的陆上交通，配合印缅战区的盟军作战，夺取中国西南沿海诸港口，借以增加援华物资的供应，充实战斗力量，为对日作战的最后阶段做准备。中国陆军总司令部对这次反攻的方向有明确规定，即先以有力部队攻占桂林，夺取雷州半岛，再分别攻击衡阳、曲江，并牵制越北之敌，以主力沿西江流域，攻占广州，然后扩及全面。

重庆方面把大西南外围之敌作为反攻的重要目标，目的在于开辟多渠道的国际交通线，以便于大量输入战略物资，提高部队的战斗力。这一战略意图早就贯彻于缅北滇西反攻战中。

▲1945 年 8 月份，桂林刚刚收复后，一队穿着草鞋的士兵背着行装扛着枪，正通过桂林城里已成断垣残壁的原广西银行大楼门口，前往追击日军。

1942 年入缅作战失败后，中国远征军一部退回滇西，一部撤往印度。国民政府向两地补充部队，接受美式装备和整训，形成精锐的两个战略反攻集团。1943 年 6 月中国驻印军总指挥部成立。史迪威任总指挥，罗卓英、郑洞国先后任副总指挥。至 1944 年初，驻印军约 3.2 万人，计有新 38、22、30 师及驻印军总部直属部队，其中孙立人之新 38 师，廖耀湘之新

22 师为主力。1943 年春在云南楚雄成立远征军司令长官部;
11 月,卫立煌继陈诚之后任远征军司令长官,下辖宋希濂之
第十一集团军、霍揆彰之第二十集团军。

　　1943 年 10 月,中国驻印军开始反攻缅北。12 月末,新编
第 38 师攻克于邦。1944 年 3 月 5 日,新 38、22 师合力攻克孟
关。5 月 7 日,史迪威指挥中美突击队奔袭密支那,苦战两个
半月,攻克密支那。6 月 25 日,新 38 师攻克孟拱。

　　攻克密支那等地后,正值雨季。驻印军作短期休整,将所
属部队改编为两个军:新编第一军,军长孙立人,下辖新 38、
30 师;新编第六军,军长廖耀湘,下辖新 22、14、50 师。原
新一军军长郑洞国升任驻印军副总指挥。

▲孙立人、史迪威、廖耀湘在缅甸丛林商讨作战方
案。左起:孙立人、史迪威和廖耀湘。

11 月 25 日，驻印军攻克八莫，1945 年 1 月 15 日，攻克南坎。随后驻印军沿滇缅公路展开逐次攻击。1944 年 4 月中旬，卫立煌指挥远征军强渡怒江，兵分两路发动反攻，先后克复腾冲、龙陵、芒市、畹町等地。1945 年 1 月 28 日，驻印军、远征军会师芒友，完成了打通中印公路的战略任务。

1945 年春夏，正面战场的中国军队完成了豫西、鄂北、湘西防御反攻战和桂柳收复战，形成较为有利的反攻态势。1 月底，日军中国派遣军总部计划在全线收缩之际，对老河口、芷江两大中国空军基地发动攻势，一是保障日军的空中安全；二是造成从南北两方向夹击重庆的态势，为收缩战线争取主动。3 月下旬，日军华北方面军及第六方面军各一部在豫西和鄂北发动进攻，先后陷襄阳、樊城、老河口等地。中国第五、一、十战区部队先后由防御转入反攻，至 5 月下旬，恢复战前态势。4 月，日军第二十军由益阳、邵阳、东安一线向湘西地区发动进攻，旨在夺取芷江。中国陆军总部下辖之第三、四方面军对来犯之敌予以坚决反击，包围日军于雪峰山地区。到 6 月上旬，日军死伤达 2.4 万余人，惨败而去。

豫西、鄂北和湘西防御反攻战，标志着正面战场上敌我力量的转变：日军失去了主动进攻的能力，中国军队已经具备反攻作战的实力。正面战场发动战略反攻的时机实际上已完全成熟了。

1945 年 4 月，广西境内日军第 22、58 师团及第 13 师团一部撤退，中国第二、三方面军展开相当规模的尾击战，先后克复南宁、柳州、桂林等地，到 8 月中旬，将桂柳地区全部收复。是役中国军队推进 350 余公里，收复失地 5.2 万余平方公里，是一个不小的胜利。

蒋介石领导的重庆国民政府制定了一系列的反攻计划，并开始付诸实施。但是这种反攻与国民党所拥有的军事实力不大相称，国民党决策层在反攻方面持谨慎和保守的态度，存在着"坐、等、靠"的思想，他们把相当一部分心思和力量放在了战后应解决的问题上。

◎ 敌后战场的攻势作战

在敌后战场上，中共发动反攻的决心很大，行动也很果决。因为中共领导的人民力量是在坚持抗战的过程中壮大起来的，这样的力量只有继续坚持对敌斗争，扩大对敌斗争的规模，才能赢得更好的发展，才能赢得更多的人心，才能赢得更广泛的发言权，才能在战后处于更主动的地位。中共与国民党不一样，如果中共保守地"坐、等、靠"，就是死路一条。中共是在坚持抗战中求生存和发展的，也只有继续彻底打击和反攻侵略者，才能求得更为有利的生存和发展。

1944 年 12 月，毛泽东提出扩大解放区，缩小沦陷区，必须将一切日伪守备薄弱、在我方现存条件下能够攻克的沦陷区全部化为解放区。在 1945 年上半年召开的中共七大会议上，毛泽东再次强调："在目前条件下，解放区的军队应向一切被敌伪占领而又可能攻克的地方，发动广泛的进攻，借以扩大解放区，缩小沦陷区。"同时，朱德在会上作《论解放区战场》的军事报告，强调各解放区的军事任务是：扩大解放区和人民武装，提高军事技术，准备好大反攻的物质基础，中心战略是实行从抗日游击战争到抗日正规战争的转变，以准备大反攻。

经过 1944 年的发展，中共领导的敌后抗日根据地实力大增，已拥有 9000 万人口、200 多万民兵和 78 万正规军。军队经过攻势作战和冬季大练兵运动，军政素质明显提高。各根据地的经济亦有不同程度的恢复和发展。以陕甘宁边区为例，到

1944 年，边区耕地增至 1400 余万亩，粮食自给有余，棉花基本自给，边区部队和机关粮食自给率达 33% 以上，中央直属机关粮食自给率达 65% 以上。经济上的恢复和发展，为反攻创造了较好的物质基础。

1945 年春夏，八路军、新四军等进一步发动攻势作战，向大中城市和交通要冲逼进，把日伪军围困于孤立的点线上。

在华北敌后战场上，八路军的攻势作战日趋强劲。

山东军区在巩固 1944 年新开辟的根据地的基础上，以胶济铁路东段南北两侧的广大地域为反攻方向，加强胶东、渤海、鲁中、滨海各区的联系。1945 年 1 月到 3 月，山东军区讨伐伪军荣子恒、赵保原等部，予以歼灭性打击，并且拔除了伸入鲁中沂蒙区的蒙阴城日伪据点。4 月底，军区击退日伪军 3 万余人的扫荡。随后，军区所辖各部队先后发起攻势作战。到 8 月上旬，厉文礼、张步云、张景月等部大部被歼，山东军区在胶济铁路东段的攻势作战取得成功。

晋冀豫边区的太行、太岳两军区在八路军总部的直接指挥下发动攻势作战。太行军区以豫北和平汉铁路线为反攻重点方向，从 1 月下旬到 4 月初，太行军区部队发起道清战役，歼灭日伪军 2500 余人，收复国土 2000 余平方公里，解放人口 75 万。从 6 月 30 日到 7 月 10 日，太行军区部队进行安阳战役，攻克据点三十余处，收复国土 1500 余平方公里，解放人口 35 万。太岳军区向豫北、晋南的日伪军展开攻击。4 月，军区部队进行豫北战役，歼灭日伪军 2800 余人，俘日伪军 1700 余人，控制了黄河北岸除沁阳、孟县、济源等县城以外的广大地域，豫北局面为之一新。6 月，军区发起同蒲路南段战役，攻克据点二十九个，彻底瓦解伪军张同文部。太行、太岳军区经过春夏季攻势作战，新辟根据地 3800 余平方公里，增设七个抗日县政权。

▲安阳战役水冶战斗中被我军摧毁的日
军碉堡

冀鲁豫军区部队在春夏季攻势作战中先后发起南乐、东平、阳谷等战役，收复县城十九座，解放人口达250余万。

晋察冀军区向雁北、绥东、察哈尔、热河和冀东敌占区发动攻势。从1月到7月，军区部队作战2700余次，歼灭日伪军2.8万余人，收复县城十五座，解放人口500多万，扩大根据地面积13.5万余平方公里。

晋绥军区的攻势作战，首先以离石至岚县公路沿线的敌人为攻击重点，尔后转攻忻县、静乐、神池、五寨公路沿线之敌。从 2 月 17 日到 4 月 25 日的春季攻势中，军区部队共毙伤日伪军近 1600 人，俘虏和瓦解伪军 800 余人，收复方山、岚县、五寨三座县城，解放人口 9.4 万余人，扩大根据地面积 3840 余平方公里。6 月中旬，军区部队发起夏季攻势，以静乐县城、静乐外围敌伪据点和忻静公路沿线之敌为攻击目标，同时组织群众破坏公路和铁路，炸毁铁路桥一座，毁坏公路桥二十三座。

在华中敌后战场上，日军为防备美军在东南沿海登陆，将重心东移，大量部队向长江三角地带及浙东集结，造成在华中其他地区兵力相对萎缩，而且日伪军为重新调整部署，调动较频繁，这就为新四军打击薄弱之敌创造了条件。

苏北军区部队从 1 月下旬到 3 月中旬对日伪军发起连续攻击，歼灭伪军孙良诚部 1200 余人，解放灌河以北地区。4 月下旬，苏北军区集中主力十一个团发动阜宁战役，歼灭、俘虏伪军 2400 余人，解放村镇 560 余处，控制了南通至赣榆公路中段，扩大根据地 250 平方公里，此后，苏北军区又相继在淮海地区攻克日伪据点二十余处，使淮海根据地扩大一倍。

苏中军区在粟裕、叶飞率主力一部南下苏浙皖边后，又迅速将部队扩充到 2.7 万余人。2 月下旬，苏中军区部队突袭高邮、宝应、兴化、盐城之间的水网地区，毙俘伪军 900 余人，使兴宝高地区 2400 平方公里的水网地带全部解放。4 月下旬，苏中军区集中五个团的兵力在高邮以东沿北澄子河设伏，一举歼灭日伪军 1800 余人。

淮北、淮南军区部队活跃于淮河两岸地区，予敌以重创。淮北军区在 5 月、6 月、7 月发动宿南战役和睢宁战役，歼灭伪军 4000 多人，收复国土近 800 平方公里。淮南军区对日伪据点和交通线频繁攻击，取得多次胜利。皖江军区积极向江南发展，使铜陵、繁昌、芜湖、宣城和贵池、东流、至德、彭泽的两片抗日游击区基本上联为一体。鄂豫皖湘赣军区部队以主力一部，在2月随八路军南下支队挺进湘鄂赣边，创建湘鄂赣边根据地。4月、5月，军区部队经多次作战，恢复了四望山根据地，并巩固和扩大了豫南、鄂北的根据地。

在华南广阔的敌后战场上，抗日游击队亦取得较大发展。东江纵队活跃于东起惠阳，西至三水、新会，北抵增城，南到大海的地区，严重威胁着广州、香港之敌。琼崖纵队积极拓展根据地，先后在八个县内建立了县、区、乡三级抗日政权。

▲日军占领海南岛后，原长期战斗在海南岛的琼崖红军游击队改编为琼崖抗日自卫团独立队，后发展为琼崖纵队。图为战斗在丛林中的琼崖游击队。

八路军、新四军在 1945 年春夏的反攻作战中，歼灭日伪军 16 万余人，收复县城六十余座，扩大解放区 24 万平方公里，解放人口近 1000 万。中共领导的正规部队发展到 90 万余，民兵达 220 万，根据地总人口近 1 亿。毛泽东在七大会议上自信地宣布："北起内蒙，南至海南岛，大部分敌人所到之处，都有八路军、新四军或其他人民军队的活动。这个广大的中国解放区，包括十九个大的解放区，其地域包括辽宁、热河、察哈尔、绥远、陕西、甘肃、宁夏、山西、河北、河南、山东、江苏、浙江、安徽、江西、湖北、湖南、广东、福建等省的大部分或小部分。"而在此同时，敌后战场上的日伪军却龟缩于点线上，处于风雨飘摇的绝境。

中国军民在正面和敌后战场上的攻势作战，宣告着战略相持阶段已经过去，最后的战略大反攻即将来临，日本侵略者的彻底失败已成定局。

日本无条件投降，
中国抗战取得最后胜利

　　1945 年 5 月 8 日，德国正式宣布无条件投降，世界反法西斯战争在欧洲战场取得彻底的胜利，盟国作战重心迅速东移。陷入四面楚歌的日本仍然苦苦支撑，幻想着进行本土决战，借以体面地结束战争。6 月 8 日，日本御前会议通过《战争指导基本大纲》，强调着手准备举国一致的本土决战；同时希望在国际关系的舞台上施展纵横术，尤注重对苏政策，为或战或和创造一点回旋的余地。就在这次会议上，有人公然叫嚣要发挥"一亿国民玉碎精神"，这实际上是欲将本已苦不堪言的日本人民引向全体陪葬的绝境。日本政府疯狂扩军，在较短时间内使部署于本土的陆海空军总兵力达到 370 万人。但这是无法倚靠的冰山，因为此时日本的战时经济体制正在迅速崩溃，民众的生活下降到衣食无着的境地，到 7 月，每人每日食物供应定量仅有 280 克，其中包括近 18% 的代用品；战争物资更是匮乏，1945 年初的铁产量不足计划数的 2/3，飞机工业因缺乏铝材而减产 2/3，船运能力不足 100 万吨，石油储存量仅 40 万吨，无法保障海空作战所需燃料；到 7 月，海军的汽油已不够其拥有的战机出击一次的用量。军队装备严重短缺，其本土部队所拥有的武器中步枪仅及所需的 50%，轻机枪为 23%，火炮为 28% 。

种种迹象表明：日本法西斯虽然想作困兽之斗，但已失去斗的本钱。

与此同时，盟国加快了打击日本的步伐。7 月 17 日至 8 月 2 日，美、苏、英三国首脑杜鲁门、斯大林、邱吉尔（7 月 28 日以后为艾德礼）在德国波茨坦举行会议。会上斯大林表示将兑现欧战结束后两三个月内参加对日作战的承诺。7 月 26 日，美、英、中联合发表敦促日本投降的《波茨坦公告》，劝告日本当局选择一条理智的道路，立即无条件投降，否则盟军将予日军以毁灭性打击，日本本土亦无法避免被全部摧毁。公告严正宣布"欺骗及错误领导日本人民使其妄欲征服世界之威权及势力，必须永久剔除"。

▲波茨坦会议会场

由于苏联未在公告上签名，日本当局幻想着苏联的调停或者至少争取苏联不参战，因此首相铃木贯太郎在 7 月 28 日公开表示《波茨坦公告》不过是老调重弹，日本政府根本不予理睬。

鉴于日本方面的顽固不化，美国总统杜鲁门决定使用刚刚试爆成功的原子弹。8月6日，美国空军 B-29 轰炸机"埃诺拉·盖伊号"在广岛投下一颗重 9000 磅的原子弹，广岛市民死伤 17 万人，60% 的市区转瞬间化作废墟。8月9日上午，美国空军又在长崎投下一颗原子弹，长崎居民伤亡 6.6 万人。

两颗原子弹的爆炸，让本已虚弱的日本当局坐立不安，翘首期待着苏联方面的消息。东京时间 8月9日零时，即德国宣布投降的三个月后，苏联人民外交委员莫洛托夫交给日本大使佐藤尚武一纸宣战书，申明与日本进入战争状态。8月9日凌晨，远东苏军总司令华西列夫斯基元帅指挥 170 余万大军，分东、北、西三路向驻扎在中国东北的关东军包抄进攻，旨在切断关东军与关内、朝鲜和日本本土日军的联系，并分割包围歼灭之。此时的关东军已今非昔比，原来的精锐几乎抽调殆尽，新组建的部队在编制、素质、装备、训练方面都较差，所以关东军虽拥有 75 万之众，但只是"一种表面膨胀而内容空虚的浮肿"。在优势苏军的打击下，关东军的覆灭指日可待。到 9月2日，苏军歼灭关东军 8.3 万人，俘关东军近 61 万人，日本在中国东北的战略机动部队就这样灰飞烟灭了。

苏联出兵东北，成为压断日本法西斯脊梁的最重要的一根铁柱。8月10日2时30分，裕仁天皇作出接受《波茨坦公告》的决断。当天清晨，日本外务省就指令驻瑞士、瑞典两国公使向美、苏、英、中四国转交照会，表示在不变更天皇地位的前提下接受《波茨坦公告》。8月11日，美国国务卿贝尔纳斯代表美、苏、英、中四国政府向日本发表复文，重申《波茨坦公告》中各条款，并实际上默许了日本关于不变更天皇法律地位的请求。8月14日上午，日本当局召开商讨孰战孰和的最后一次御前会议，天皇哀叹"我以为把战争拖延下去，除了加剧毁灭外，徒劳无益"，并授意内阁起草终战诏书。

8月15日12时，天皇宣读终战诏书，日本无条件投降。9月2日9时许，在停泊于东京湾的美舰"密苏里"号上举行签降仪式，外相重光葵代表日本天皇和内阁，参谋总长梅津美治郎代表日本大本营在投降书上签字。中国代表军令部部长徐永昌出席仪式，并在受降书上签字。

▲1945年9月2日，日本向盟军投降仪式在日本东京湾"密苏里"号军舰上举行。

9月9日，中国战区日军投降签字仪式在南京国民政府中央军校礼堂内举行，美、英、苏、法等国代表及中外记者近千人目睹了这一历史时刻。9时，日本中国派遣军总司令冈村宁次将佩刀呈交给中国陆军总司令何应钦，表示所率全体日军向中国战区最高统帅部缴械投降，尔后，冈村宁次在投降书上签字。从 9 月 11 日到 10 月 10 日，在上海、太原、南昌、长沙、广州、汉口、杭州、漯河、郑州、蚌埠、汕头、归绥、济南、北平等地举行了接受日军投降仪式。10 月 25 日，台湾地区日军投降仪式举行，日本驻台总督兼第十方面军司令官安藤利吉在投降书上签字。受降主官台湾行政长官陈仪宣告"从今天起，台湾及澎湖列岛，已正式重入中国版图"。从甲午战争以后受日本殖民统治达 50 年之久的台湾终于重归祖国怀抱！

▲在南京受降日军仪式上小林浅三郎向何应钦递交投降书

中国经过八年艰苦卓绝的抗战终于赢得彻底的胜利，这是中国与盟国共同对日作战的胜利，同时也是中国军民坚持长期抗战，付出巨大牺牲所取得的胜利。八年抗战，中国军民伤亡达 3500 万以上，战争消耗 400 多亿美元，直接经济损失 600 多亿美元，间接经济损失 5000 多亿美元。八年的奋斗与牺牲，洗刷了百年来中华民族的屈辱，近代以来第一次彻底地赢得了反侵略战争的胜利。这是一个标志，标志着中华民族的巨大觉醒，标志着中华民族的复兴！

日本宣布无条件投降，中国由长期战争状态转入受降状态，这是一个微妙而又关键的时刻，关系着中国的前途。美国政府为营造一个战后符合其利益的中国，在受降问题上竭力扶持国民党。杜鲁门在他的回忆录里记述这一段历史说："蒋介石的权力只及于西南一隅，华南和华东仍被日本占领着。长江以北则连任何一种中央政府的影子也没有"，"假如我们让日本人立即放下他们的武器，并且向海边开去，那么整个中国就将会被共产党人拿过去。因此我们就必须采取异乎寻常的步骤，利用敌人来做守备队，直到我们能将国民党军队空运到华南，并将海军调去保卫海港为止"。实际上美国政府就是这样做的，它一面帮助国民党抢运部队至华北、华中、华南各战略要点，一面以盟军最高统帅部的名义，下令侵华日军只得向蒋介石的国民政府投降。8 月 10 日、11 日，蒋介石接连发布三道命令：一是令八路军等就地驻防，不得擅自移动；二是令伪军负责维持地方治安，等待接收；三是令各战区部队以主力挺进，解除敌军武装。8 月 18 日，冈村宁次下令所属各部队只准向国民党军投降，随后又令各部应向国民党军队外要求受降的中国武装"毫不踌躇地行使自卫的武力"。

这就造成一种怪现象：在日本已宣布无条件投降的情况下，侵华日军依然可以把枪口对准除国民党军以外的中国军民，拒绝投降。对于这一点，中共领导的人民抗战力量是无法容忍和退却的。

　　早在 8 月 9 日，毛泽东就发表《对日寇的最后一战》，提出"中国人民的一切抗日力量应举行全国规模的反攻，密切而有效力地配合苏联及其他同盟国作战"。同时命令"八路军、新四军及其他人民军队，应在一切可能条件下，对于一切不愿投降的侵略者及其走狗实行广泛的进攻，歼灭这些敌人的力量，夺取其武器和资财，猛烈地扩大解放区，缩小沦陷区"。8 月 10 日、11 日，朱德连续发布七道命令，要求各解放区所有抗日武装部队向附近日伪部队送出限期投降通牒，对于拒降之日伪部队应予坚决消灭。8 月 11 日，中共中央下发《关于日本投降后我党任务的决定》，要求各解放区组建正规兵团，集中主力迫使日伪投降，猛烈扩大解放区，占领可能和必须占领的城市与交通要道。为反对美国政府与国民党政府无理剥夺中共抗日武装受降权利的阴谋，朱德于 8 月 15 日以第十八集团军总司令的名义致书美、苏、英三国政府，提出中国一切抗日的人民力量有权依据《波茨坦公告》受降，同时致电冈村宁次，要求他下令所属各部应向八路军、新四军以及华南抗日纵队投降。

　　各解放区部队遵照中共中央和延安总部的指示和命令，向拒降的日伪军展开迅猛的全面反攻。在华北，晋察冀军区部队进逼平、津，攻占张家口；晋绥军区部队进逼太原、归绥；晋冀鲁豫边区部队进逼太原、安阳、开封，并切断同蒲、陇海和平汉铁路线；山东军区部队进逼济南、青岛、徐州，并切断津浦、胶济和陇海铁路线。新四军各部在华中和华东，积极夺取敌占城镇和乡村；在江北，先后收复宿迁、泗县、泗阳、定远、来安、嘉山、天长、盱眙、六合、无为、沭阳、涟水、扬中等县城；在江南，先后收复长兴、溧水、溧阳、金坛等县城，并逼近宁波、芜湖等地。在鄂豫皖湘赣边区，第 5 师向信

▲945 年 8 月 24 日，晋察冀八路军解放伪蒙疆自治政府
首府张家口市。

阳、武汉方向进逼；在华南，东江纵队、珠江纵队等向当面之
敌发动进攻，收复多处集镇。

中共中央对东北地区高度重视，8 月 11 日令晋察冀军区部
队挺进热河和察哈尔，令晋绥、晋察冀、山东军区抽调部队出
关。8 月 20 日后，中共中央指示各军区抽调一百个团所需干部
及部队挺进东北。到 12 月上旬，约有 11 万部队和 2 万干部进
入东北，配合苏军打击日伪部队，为东北的解放奠定了坚实的
基础。

从 1945 年 8 月 9 日到 9 月 2 日，中共领导的抗日武装掀起
反攻的高潮，歼灭拒降的日伪军 76 万余人，收复城市一百五
十座，缴获长短枪 7.3 万支、炮 160 余门。9 月 2 日以后，日
本虽无条件在投降书上签了字，但由于美国政府、国民党政府

从中耍手腕，大批日伪军拒绝向中共领导的人民抗日武装投降，所以各解放区的反攻战迁延至年底，又歼灭日伪军 32 万余人，收复县城一百座。

中共领导的人民抗日武装在长城内外、大江南北发动大规模的反攻，这一战既是为彻底打败日本侵略者而战，又是为中国争取一条光明的前途而战。抗战八年，日本侵略者由军事上的胜利滑向全方位失败的深渊，中国内部的人民力量由弱小渐至壮大，这是两种相逆的过程。

中国抗战的彻底胜利，结束了中华民族屡遭屈辱的旧时代，一个波澜壮阔、蓬勃向上的新时代正在地平线上涌动。八年艰苦卓绝的抗战，让中华民族挺直了脊梁，让中华民族迈出了复兴的大步！

抗日民族统一战线的具体体现

2005 年 9 月 3 日，在纪念中国人民抗日战争暨反法西斯战争胜利 60 周年的大会上，胡锦涛同志在讲话中说："在波澜壮阔的全民族抗战中，全体中华儿女万众一心、众志成城，各党派、各民族、各阶级、各阶层、各团体同仇敌忾，共赴国难。长城内外，大江南北，到处燃起抗日烽火。中国国民党和中国共产党领导的抗日军队，分别担负着正面战场和敌后战场的作战任务，形成了共同抗击日本侵略者的战略态势。"这段话，是许多年来我党领导人第一次正面阐明了抗日战争中国共两党在战场上分别承担着正面战场和敌后战场的战略任务。这是客观的历史评价，不仅政治影响极好，也具有学术上的指导意义。

正面战场和敌后战场是整个抗日战争时期的两大战场，在对日作战上始终实施着全面的战略配合，在取得抗战胜利的历史进程中起到了战略支撑的作用。正面战场和敌后战场的战略配合，形成了中华民族、中国人民共同赴敌的英勇气概，在赢得抗战胜利的军事意义上，是无可比拟的。

日本帝国主义侵略中国，是企图灭亡中国。中华民族面临存亡绝续的问题。抗日战争是在中国共产党倡导的抗日民族统一战线的旗帜下，以国共合作为基础，各阶级、各民族人民团结起来进行的中华民族解放战争。因此，抗日战争既是民族战争，也是人民战争。这是对抗日战争的基本定性。从民族战争的全局来看，中华民族内部各党派、各政治团体和政治势力，只有团结一致，共同抵御日本帝国主义侵略，中华民族才有出路。

▲蒋介石1943年出席确定中国大国地位的开罗会议

中国共产党在全民族抗战中发挥了中流砥柱作用，中国共产党倡导、推动并始终坚持了抗日民族统一战线，使民族战争所必需的国内团结能够维持下来，而且，共产党还指挥八路军、新四军，动员敌后地区的广大人民群众，担负着敌后战场的作战任务。敌后战场吸引了一半以上的日军和大部分伪军，大大减轻了正面战场的压力。共产党还团结各民主党派，团结全国文化人，用各种宣传的文化形式，对全国人民进行了抗日战争的政治动员，有力地形成了全国高涨的抗战民气，这种抗战民气又转化成抗日战争的有形和无形的物质力量和精神力量。

国民党在抗战中发挥了重要作用。当时国家权力掌握在蒋介石、国民党政府手中。这个政府指挥 200 万军队，担负着正面战场的作战任务，得以利用国家政权的力量推动全国抗战的开展。国民政府代表中国与苏联、美国、英国等发生国际关系，谈判废除《辛丑条约》和治外法权，蒋介石作为中国首脑出席开罗会议，作出了从日本手中收回台湾等地的决定。这些基本的历史事实，是客观存在的。八年抗战，尽管蒋介石、国民党政府采取消极、片面的抗战路线，对日妥协退让，但毕竟没有对日投降，总算把抗日的旗帜扛下来了。这与汪精卫之流有本质的区别。从历史唯物主义的观点看，从实事求是的观点看，从中华民族的民族利益看，蒋介石在抗战中尽管没有放弃反共，但还是把八年抗战坚持到底了。这一点是值得肯定的。

中国共产党及其领导的人民力量，是保证抗战胜利的中流砥柱。所以，人民力量的存在和发展这个基本条件的极大重要性，应该得到更加客观的、全面的理解。因此，抗日战争这场民族解放战争的胜利，是国民党、共产党和全国人民共同奋斗争取得的。毛泽东在 1938 年也说过国共"共同领导"抗战的话。

客观地说，在抗日战争的整体大局中，国民党、共产党都起着领导作用。这个作用，都是全局性的，不是局部的、暂时的。不承认其中任何一个中心所发挥的领导作用，都不是实事求是的态度，都不是历史主义的态度。双方这种都是全局性的领导作用，是各自通过自己的领导能力来实现的，是在又统一又矛盾的斗争中来实现的。

认识抗日战争历史的重大原则问题，大致有五：第一，日本侵略中国，妄图灭亡中国；第二，中国共产党推动中国国民党组成抗日民族统一战线；第三，正面战场和敌后战场并存，起到了抵抗日本侵略的战略配合作用；第四，中国国民党和中国共产党两个领导中心并存，共同领导了抗日战争的胜利；第五，国际反法西斯力量的支持与配合，这种支持与配合，又与中国国内的两个战场、两个领导中心紧密相连。凡此五点，都是由抗日战争是民族战争和人民战争这样的性质来定的。维系共产党与国民党共同抗战的载体，就是抗日民族统一战线。抗日民族统一战线既是有形的，也是无形的，它发挥着最高指导作用。这是因为，抗日战争是一场民族战争，是中华民族反对日本军国主义侵略的战争。民族生存高于一切，这是抗日民族统一战线能够建立和发挥作用的根本原因。

编　后　记

刀光剑影，血溅骨碎，沧海桑田，鸿爪雪泥。

史书都称"八年抗战"，人们熟知"八年抗战"。然而当我们揭开这惨痛的一页，才蓦然发现——日本对中国的侵犯，绝不仅仅是短短的八年。早在16世纪末（中国明朝万历年间），日本的关白（相当于宰相）就图谋侵略中国。而从1868年开始，日本对中国的侵略从全面谋划到挥兵入侵，长达70多年。

70多年——

日本杀死的中国人（包括在中国土地上的外国人）难以数计！

日本从中国掠走的黄金白银难以数计！

日本从中国土地上攫取的物资难以数计！

日本对中国人的精神摧残擢发难数！

时光老人告诉我们：

1868年，日本就制定了图谋侵略中国、征服世界的"大陆政策"；

1874年，日本侵占中国台湾；

1894年，日本挑起"甲午战争"；

1900年，日本作为出兵最多的国家，参加八国联军侵略中国；

1906 年，日本侵占中国东北；

1914 年，日本侵占中国山东，提出灭亡中国的"二十一条"；

1927 年，日本出台《对华政策纲要》，加紧对中国东北的掠夺；

1931 年，日本挑起九一八事变；

1937 年，日本挑起七七事变……

大地母亲告诉我们：

在长达半个多世纪的漫长岁月中，日寇铁蹄踏遍了当时中国的黑龙江、吉林、辽宁、察哈尔、热河、绥远、山东、山西、河北、河南、安徽、江苏、浙江、福建、台湾、广东、广西、云南、贵州、四川、湖北、湖南、陕西、甘肃等二十四个省和南京、上海、北平、天津、重庆、青岛、武汉等特别市、行政区，蹂躏了大半个中国领土。不仅如此，日本侵略者的魔爪还伸到了苏联、朝鲜半岛、菲律宾、马来西亚、新加坡、文莱、东帝汶、印度、印度尼西亚、泰国、越南、老挝、柬埔寨、缅甸、巴布亚新几内亚、所罗门群岛、密克罗尼西亚、马绍尔群岛、帕劳、夏维夷、关岛、塞班岛、中途岛、威克岛、澳大利亚、斯里兰卡……

父老前辈告诉我们：

为了让殖民地的人民屈服，日本使出了高压强求、威逼诱骗、阴谋诡计、明戮暗杀、操纵傀儡、烧光杀光抢光等种种阴险毒辣的手段，使用了炸弹、刺刀、细菌、毒气等等灭绝人性的武器，无所不用其极，罪行罄竹难书！

惊心动魄，惊天动地，惊世骇俗。

是人性的扭曲？道德的变异？还是政治的堕落？

惨死在日寇屠刀下的 3500 万魂灵发出中华民族不屈的吼声——

血染的历史不能忘记，忘记过去就意味着背叛！

牺牲在抗日战场上的各国烈士不容忘记，英雄的鲜血不能白流！

世界各国爱好和平的人们世世代代都不能忘记，军国主义的复活就意味着人类的灾难！

中国倡导和平共处，然而当今世界，军国主义的阴魂烟消云散了吗？

潘多拉魔盒一旦打开，邪恶猖獗会给人类造成无穷灾难。

我们不愿意再看见那样的场景——母亲教儿打东洋，妻子送郎上战场。

忍着剧痛，含着感伤，怀着义愤，我们选取九一八事变、七七抗战、淞沪抗战、南京大屠杀、细菌战罪行、中国远征军等二十多个片断，用丛书的形式将这段悲壮的史实呈献给读者，激荡在胸中的是一种强烈的信念——让前辈告诉子孙，让历史告诉未来，和平来之不易，悲剧绝不能重演！

2015 年 5 月·北京